풀무학교는 어떻게 지역을 바꾸나

충남 재발견 03

풀무학교는 어떻게 지역을 바꾸나

교육, 협동조합, 문화를 중심으로

이번영

그물코

차례

서문 7

1장 풀무학교와 지역

무교회주의 기독교 12
제2의 종교 개혁 14
종교를 넘어 교육과 사회 개혁으로 17
일본 무교회도 학교 교육 통해 전승 22

이찬갑 26
이승훈에 바른말하는 유일한 청년 26
북녘은 시베리아 찬바람, 남녘은 썩어가는 뒷간 30
초라해서 더 의미 있는 풀무학교 개교 34
마을 유리조각 줍는 선생 38
3년 풀무질 영향 60년 넘게 이어져 39

주옥로 45
목사에서 무교회주의자로 45
청년회 결성, 연극으로 지역 운동 49
이상과 현실의 갈등 55

최태사 68
풀무학교 제3의 설립자 68

홍순명 73
　홍동 지역공동체 78

2장 협동조합 마을

풀무소비자생활협동조합 92
　해방 후 최초 협동조합 씨앗 뿌려 92
　창립 3년 만에 경영 부실로 해산 99
　주민 45명 다시 창립, 마을 순회 판매 102
　도농 간 농산물 직거래 시작 105
　유기농업 생산자조합으로 전환 107
　사실상 파산, 33년 뒤로 돌아가 109

풀무신용협동조합 113
　군사 정권도 실패한 농어촌 고리채 113
　풀무학교 졸업생 18명, 4,500원으로 출발 116
　한 집 평균 2명씩 조합원 가입 118

나래를 펴지 못한 협동조합들 120

협동조합의 한계와 새로운 협동조합 130

3장 앞서가는 문화

홍동의 풀뿌리 언론 출판문화 144
풀무학교 교지와 벽보 144
당국에서 금지시킨 풀무학교 국어 교과서 148
지역 소식지로 발전한 졸업생 소식지 150
홍동소식 창간과 강제 폐간 157
홍성신문 창간으로 이어져 174
한국 언론 자유 신장에 기여 179

농촌 문화를 생산한 갓골어린이집 182
6개 마을 대표 12명과 시작 182
전설 같았던 갓골극단 187

홍동 사람들의 끝없는 상상력, 도서관 운동 193
대한출판문화협회 상 받은 홍동학생도서실 193
주민 231명 뜻 모아 지어 공동 운영하는 홍동밝맑도서관 196

[부록] 홍동 지역 협동조합 연보 202
[맺는글] 오래된 꿈 214

서문

홍동은 충남 홍성군 홍성읍에서 동쪽으로 10킬로미터쯤 들어가 14개 리 33개 마을로 구성된 농촌 면이다. 홍성의 동쪽이라 해서 홍동면(洪東面)으로 이름 붙였으며, 2018년 1월 현재 1,600세대 3,500여 명이 주로 농사를 지으며 살고 있다. 그중 오서산에서 발원된 삽교천 상류 주변에 형성된 들판을 둘러싸고 형성된 9개 리 21개 마을 약 2,000명이 살고 있는 지역이 앞으로 살펴볼 이야기 대상 지역이다.

충남연구원 조영재 연구위원이 2013년도 실태 조사 결과를 발표한 자료를 보면, 충청남도는 9,296개의 자연 마을로 구성돼 있다. 오래전 통계지만 마을 숫자는 크게 바뀌지 않는다. 이 같은 조사를 바탕으로 주먹구구식으로 계산해 보면 우리나라는 약 10만 개 안팎의 자연 마을로 구성돼 있을 것으로 추정된다.

정부는 한국농어촌공사를 통해 지난 100년 동안 경지 정리, 저수지 관리, 간척 사업 등으로 농촌 기계화를 위한 기반 조성에 주력했다. 그러다 2000년대 들어서면서 마을 만들기로 방향과 목표를 바꿨다. 2000년대 초부터 농촌 전통 테마 마을과 농촌종합개발사업이라는 2개 채널을 이용해 마을 만들기에 적극 나서 무너져가는 마을공동체를 살려 보려고 애썼다. 2004년부터 2017년까지 14년 동안 약 6조 원을 투자해 1,000개의 살고 싶고 찾고 싶은 마을을 목표로 농촌마을종합개발사업을 벌였다. 박근혜 정부는 출발하자마자 2015년까지 5,000개의 색깔 있는 마을을 만들겠다고 발표했다. 이 목표들은 절반도 달성하지 못했다. 계획대로 추진된 마을 사업들도 적지 않은 문제점들이 나타나 결국 실패했다는 의견이 지배적이다. 3개 내지 5개 마을을 묶어서 40억 원 내지 100억 원씩 지원한 농촌마을종합개발사업의 경우, 주민 소득은 늘어나지 않고 공사가 끝나자마자 전기세도 감당하지 못해 자물쇠를 잠가 놓은 마을회관, 정자들이 흉물스럽게 전국 방방곡곡에 들어섰다. 갑자기 생긴 돈 쓰는 문제로 마을 간 갈등과 분쟁이 일어나 공동체가 상처를 받는 일도 생겼다.

홍동은 경치 좋은 산이나 물, 특산물, 기타 이렇다 할 자원도 없는 평범한 한국의 전형적인 농촌이다. 사람들이 이렇게 보잘 것 없는 홍동에 관심을 갖기 시작했다. 연간 수만 명씩 찾아오고, 귀농인들의 우선 정착 순위 지역으로 선택되며, 풀무학교에 입학하려는 학생들이 전국에서 몰려와 경쟁률을 높이고, 땅값이 올라가며, 홍성읍 택시 기사들에게 황금 노선으로 불리고, 신문과 방송 취재 기자들의 발길이 잦다. 많은 연구자들이 홍동에 대한 논문과 책을 끊임없이 내놓고 있다.

나는 홍성신문 기자로 일하면서 "홍성신문이 홍동신문인가? 왜 홍동 소식만 나오는가?"라는 질문과 비판을 자주 받았다. 그래서 가능하면 홍동 쪽 이야기를 안 쓰려고 노력했다. 그런데 신문은 지역 안배를 그렇게 중요시하지 않는다. 홍동에서는 홍성뿐만 아니라 전국에 내놓을 만한 뉴스거리가 끊임없이 생산되고 있다.

나는 모범적이라고 소문난 여러 지역공동체(외국 몇 나라를 포함해서)를 다녀 보았으나, 아직 만족스러운 지역을 찾지 못했다. 이상적인 지역공동체는 세 가지 요소 없이는 불가능하다고 생각한다. 지역사회 교육, 협동조합, 풀뿌리 언론이다. 홍동은 충분하지 않지만 이 세 가지 요소를 갖추고 늘 새로운 것을 향한 도전을 멈추지 않고 있다. 이 세 가지 요소의 중심에 풀무학교가 있다. 풀무학교는 사람을 길러 지역에 내보내고 새로운 실험을 계속하며 이론을 정리한다. 제도권 학교보다 상대적으로 자유로운 교육으로 비판적 성찰을 놓지 않았기에 가능한 일이다.

마침 2018년 풀무학교가 개교 60주년이 됐다. 풀무학교 설립자와 제자들, 관계자들이 지난 60년 동안 홍동에 어떤 변화를 어떻게 주었는가에 대해 위 세 가지 요소를 중심으로 살펴보고자 한다. 이 글은 내가 생산한 글이라기보다 여러 사람들의 말과 글 중에서 주제와 관련된 부분을 인용하여 편집한 지역 신문 기자의 취재물로 개인적 의견을 덧붙이기도 했다.

부족한 글을 출판해 준 충남연구원에 감사를 표하고 싶다. 충남연구원은 충남 지역 현장을 바탕으로 한 연구를 꾸준히 해 오고 있는데, 특히 홍동 지역에 대한 연구와 지원을 아낌없이 해 주었다. 충남연구원 강현수 원장님과 관계 직원들에게 감사의 마음을 전한다. 그물코 출판사 장은성 사장님, 그리고 꼼꼼히 교정해 주며 의견까지 개진해 준 김수진 씨에게도 이 자리를 빌어 감사의 마음을 표하고자 한다.

2018년 4월

이번영

1장

풀무학교와 지역

무교회주의 기독교

1958년 1월 10일 새벽, 이찬갑과 주옥로가 홍성군 홍동면 팔괘리 송정마을 풀무골 뒷산에 올랐다. 솔밭 사이로 불어오는 새벽 공기가 두 사람의 가슴에 영기(靈氣)로 스며들어 하나의 역사를 잉태하는 순간이었다. 이찬갑이 새벽하늘을 바라보며 먼저 입을 열었다.

"주 선생, 여기다 농민 자녀를 가르치는 학교를 세웁시다."

주옥로는 이 제안을 거절했다.

"교육은 제 천직이 될 수 없습니다."

1월 6일부터 10일까지 홍동면 팔괘리 풀무골 주옥로의 집에서 열린 전국 무교회주의 기독교 신자 40여 명이 모인 집회 마지막 날이었다. 뒤따라 산에 올라온 김종길 대전 호수돈여자고등학교 교사는 이찬갑의 학교 설립 제안에 동의하며 주옥로를 채근했다. 그러나 이들은 결론 없이 하나님의 뜻을 기다리기로 하고 산에서 내려왔다. 그날부터 20일이 지난 1월 31일 정오, 주옥로가 결심을 굳히고 서울 이찬갑에게 전문(電文)을 보냈다.

"주님의 뜻에 따르기로 했습니다. 학교를 세웁시다."

주옥로가 그날 일기에 '정오'라며 결심의 시간을 표시한 것을 보면, 순간적인 영감이 떠올랐던 것이 아닌가 싶다. 이렇게 결심한 후 그는 거침없이 밀고 나갔다.

주옥로는 잡지 《우리교육》(1994년 3월호)에 쓴 글을 통해, 이찬갑이 학교를 세우기 위해 남한 여러 곳을 찾아다니던 중 강원도 어느 지역에서 추진하다 실패했다는 사실을 전했다. 이찬갑은 1955년 주옥로에게 장문의 편지를 보내 함께 학교를 만들자고 제안했다는 사실도 밝혔다. 주옥로는 이찬갑으로부터 3년 전부터 편지를 통해 학교 설립을 제안 받았던 것이다.

주옥로의 결심을 전달 받은 이찬갑이 2월 18일 홍동으로 내려왔다. 이들은 홍동 지역 유지들로 학교 설립을 위한 발기인회 등을 만들며 함께하려고 했지만 불발됐다. 설립 기금 마련이 문제였다. 이들은 지역 주민과 함께 추진하려던 계획을 포기하고 3월 31일 서울 이찬갑의 집에서 송두용, 노평구와 협의했다. 한국의 대표적인 무교회주의 기독교 지도자 네 사람이 장시간 검토와 토론 끝에 학교 설립안을 최종 결정했다.

그로부터 두 달도 채 안 된 4월 23일, 풀무고등공민학교 개교 및 첫 입학식이 열렸다. 학생은 18명, 교사는 이찬갑과 주옥로 두 사람. 교실 한 칸을 겨우 지었으나 바람막이일 뿐, 흙으로 벽을 치고 바닥 고르기, 운동장 만들기 등을 학생과 교사가 함께 일하며 공부를 시작했다. 옛

날부터 대장간이 있어서 이름 지어진 풀무골에 세운 학교라서 풀무학원으로 이름을 정했다. 이찬갑의 나이 54세, 주옥로는 39세였다.

우리나라 무교회 기독교 신자들의 가장 큰 행사는 《성서연구》 주필 노평구가 주도하는 가운데 해마다 여름과 겨울 두 차례씩 모여 성서를 공부하며 토론하는 집회였다. 이 집회는 이찬갑과 주옥로 그리고 홍동 사람들이 처음부터 주도적으로 참석했다. 집회는 1953년 8월 12일부터 17일까지 충남 계룡산 갑사에서 5박 6일 동안 모이면서 출발했다. 첫 집회부터 전국에서 온 13명의 참가자 중 이찬갑과 홍동의 주옥로, 주입로 3명이 함께했다. 1954년 두 번째 집회는 충남 태안군 안면도에서 23명이 모였는데, 주옥로가 장소를 준비했으며 주정하, 주호만 그리고 이름이 알려지지 않은 여러 명의 홍동 사람들이 참가했다. 1956년 12월 31일부터 시작된 집회는 홍동 주옥로 집에서 열렸다.

무교회 집회는 전국 유명지를 찾아다녔는데 충남 계룡산, 천안 함석헌 씨알농장, 충남 안면도, 대천해수욕장, 부산 장기려 복음병원장 사택 등으로 옮겨 다니다가 홍성 풀무학교로 고정했다. 2008년부터는 풀무학교의 시설 문제로 예산 도고온천으로 옮겨 지금까지 해마다 두 번씩 모임을 열고 있다.

제2의 종교 개혁

무교회주의 기독교는 "두세 사람이 내 이름으로 모이는 자리에는 내가 그들과 함께 있다(마태복음 18장 20절)"는 예수의 말씀을 교회의 본질로 믿는다. 무교회는 예배당, 목사, 장로, 권사, 집사 같은 직분, 설교단, 성가대, 헌금, 십일조, 세례 등 모든 형식을 배격한다. 무교회는 모든 사람이 일대일로 하나님과 직접 교통하는 만인 사제주의 신앙이다. 그들에게는 하루 24시간, 일주일 동안 삶 전체가 예배가 되어야 하며 일요일은 성도들이 모여서 성서와 예수의 언행을 공부하는 날일뿐이다.

'무교회'라는 말은 1901년 3월 일본의 우찌무라 간조(內村鑑三, 1861~1930)가 발간한 잡지에서부터 시작됐다. 무교회의 무(無)는 "없다"는 소극적 개념이 아니라, "인간의 힘에 의한 교회"를 지양한다는 적극적인 개념이라고 한다.

유럽의 로마 교황을 중심으로 가톨릭교회의 타락이 극에 달하자, 1517년 10월 31일 마르틴 루터가 독일 비텐베르크의 성곽 교회 정문에 95개조 반박문을 써 붙이면서 종교 개혁이 시작됐다. 그런데 가톨릭교회의 타락을 바로잡으며 태어난 신교가 수백 년을 지나면서 다시 개혁의 대상이 됐다.

1891년, 우찌무라 간조가 미국에서 신학을 공부하고 돌아와 교회로 가지 않고 도쿄 한복판에서 로마서를 강의했다. 이 '교회에 가지 않고 광야에서 성서를 공부하며 예배 드리는 사람들'이 한 무리가 됐다. 교회는 이 도전자들에게 '무교회주의자'라는 딱지를 붙이며 공격했다. 그러자 그들은 그것도 괜찮은 이름이라며 받아들여 우리가 지금 말하는 무교회가 됐다.

고등학교 교사가 된 우찌무라는 30세에 천황 사진에 배례를 거부하는 불경 사건으로 학교에서 추방당했다. 일본의 군국주의를 반대하며 천황에 배례하는 것은 우상 숭배로 신앙심에 위배된다고 생각한 우찌무라는 '일본 명치사의 대사건'으로 불리며 국가 모독죄로 몰려 직장은 물론 아내와 자식마저 잃고 테러의 대상이 돼 수년 동안 이름을 바꾸지 않으면 국내 여행도 할 수 없었다. 이 사건은 일본 기독교 내 찬반 논쟁으로 확대돼 수백 편의 논문이 나오고 기독교가 일본에 뿌리 내리는 계기가 됐다.

우치무라의 문하생 중 한국인 김교신, 함석헌, 류석동, 정상훈, 양인성, 송두용 6인이 '조선성서연구회'를 결성하면서 한국에 무교회가 들어왔다. 일본 제국주의 인물로부터 무교회를 받아온 것에 대해 거부감을 갖는 정서가 우리에게 있다. 그러나 실제 무교회는 그보다 400년 앞서 독일 마르틴 루터의 종교 개혁으로부터 시작됐다. 우찌무라가 무교회주의자가 됐던 당시, 그보다 한 해 뒤 태어나 동일한 신앙을 가졌던 한국인 김정식(1862~1937) 등을 거론하며 당시 개혁적인 여러 사람들의 보편적인 신앙이었다는 주장을 펴는 사람도 있다.

무교회 지도자들은 잡지 발행을 통해 성서를 연구, 전파하고 믿음을 공유하는 신앙공동체를 형성하고 있다. 김교신은 1927년부터 1942년까지 15년 동안 월간 《성서조선》을 펴냈다. 노평구는 1946년부터 1999년 12월까지 53년 동안 《성서연구》를 500호까지 발행해 국내 최장수 잡지 기록을 세웠다. 송두용은 《성서인생》, 주옥로는 《성서생활》을 월간으로 펴냈다. 이 잡지들은 '권두문'을 통해 사회 문제에 대해 제한적이지만 비판했다.

김교신(1901~1945)이 《성서조선》 권두문 사건으로 서대문 형무소에서 취조당할 때 일본 경찰이 내뱉은 말은 김교신과 무교회를 상징적으로 표현하는 말로 여러 사람들이 반복적으로 인용하고 있다.

"너희들은 우리가 지금까지 잡아온 놈들 중 제일 악질들이다. 다른 놈들은 결사니 독립운동이니 하며 파득파득 뛰다가도 잡아 족치면 전향하기 때문에 다루기가 쉬웠는데, 너희 놈들은 종교니 신앙이니 이상이니 하면서 500년 후를 내다보고 앉아 있으니 다루기가 더 힘들었다."

종교를 넘어 교육과 사회 개혁으로

무교회 이야기부터 길게 시작하는 이유는, 풀무학교가 홍동 지역을 변화시켜 온 원동력의 뿌리를 무교회 기독교 신앙에서 찾고자 하기 때문이다. 그동안 나온 풀무학교에 대한 연구 논문이나 기사들은 이 부분을 간과하고 있다.

종교 개혁은 사회 개혁을 포함한다. 종교 개혁은 정치, 사회, 교육, 문화 등 모든 분야에서 적폐 청산이다. 종교는 관념이 아니라 삶의 변화이기 때문이다. 루터의 성서 번역으로 독일어 문학이 탄생했고 라틴어에 갇혀 있던 '신의 말씀'이 민중의 언어로 바뀌지면서 만인의 종교가 됐다는 것은 일반화된 상식이다.

종교 개혁 신앙인 무교회가 기독교를 부인하는 것으로 오해하면 안 된다. 무교회는 하나님이 교회 안에만 있는 것이 아니고 교회 밖에도 있다는 사실을 강조한다. 기독교의 본질을 회복하자는 것이다. 무교회의 창시자 우찌무라 간조는 자기가 죽으면 일본에서 가장 많은 사람이 모이는 자신의 성서연구 집회를 해산하고 자기가 일생동안 발행하던 월간 잡지《성서일본》을 폐간하라고 유언했다. 무교회라는 이름으로 또 하나의 형식이 만들어질 것을 우려한 것이다. 이 같은 그의 유언은 모두 실현됐다. 무교회는 후계자를 육성하지 않는다. 한국 무교회 지도자들의 모임이나 잡지도 그가 사망한 후 해산되고 폐간됐다. 그 후 평신도 중에서 새로운 모임을 새로 시작하며 새 잡지를 만든다.

무교회의 종교 개혁, 사회 개혁은 눈에 보이는 분노나 정치 투쟁이 아니라, 조용히 신앙을 바탕으로 진리를 증언하는 방법으로 실천한다. 그들의 개혁은 원칙을 중시하며 비정상을 정상으로 바꾸는 것이다. 무교회의 이 같은 개혁 신앙은 각 분야에서 나타났다. 홍동의 몇 가지 사례를 살펴보자.

우리나라 농업, 농촌은 개발 독재 정부의 외면과 수탈로 비참한 생활을 견디지 못하는 가운데 농민들이 농민회를 만들어 오랫동안 격렬한 투쟁을 벌였다. 그러나 농업학교인 풀무학교는 모순된 농업 문제에 대한 대정부 싸움에 동참하지 않고 환경농업을 강조했다. 풀무학교는 환경농업으로 자연과 생명을 지키는 미래 농업을 준비했다.

우리나라 환경농업은 한국과 일본 무교회주의자들의 교류 속에서 시작됐다. 1975년 9월 26일 일본 고다니 준이치(小谷純一) 애농회(愛農

會) 회장이 홍성 풀무학교와 경기도 부천 원경선의 풀무원농장을 방문했다. 일본이 과거 한국에 저지른 잘못에 대한 사죄가 방문 목적이었다. 그는 농약과 화학비료를 많이 사용하는 일본 농업을 따라가는 한국 농업 현실을 보고 생명농업으로 국민의 생명과 건강을 지키며 교류를 통해 평화를 실현하자고 제안했다. 그의 권고에 동의한 풀무학교는 다음해부터 유기농업을 가르치기 시작했다. 전국 농업인 30여 명은 경기도 풀무원농장에 모여 한국 최초의 유기농업 단체인 정농회(正農會)를 창립했다.

일본 고베대학교 야스다 시게루 교수는 일본《현대농업》월간 잡지에서 '아시아 환경농업'이란 제목의 글을 통해 "아시아 유기농업은 1971년 일본에서 처음으로 시작됐으며 1976년 한국 홍동에서 두 번째로 실천했다."고 썼다.

정부가 식량 증산에 전력을 기울이던 1970년대, 풀무학교와 풀무학교 졸업생들은 당국의 식량 증산 정책 방향에 역행한다는 압력을 받으며 유기농업을 실천했다. 김대중 정부 시절에도 홍성군농업기술센터 소장이 유기농업 반대 정책을 펴자, 홍동면에서 제일 먼저 오리농업을 실천한 주형로는 유기농업 전도사인 김성훈 농림부 장관을 동원해 바로잡기도 했다.

1989년 5월에 출범한 전국교직원노동조합(이하 전교조)은 약 10년간 대 정부 투쟁 끝에 얻어낸 성과물이다. 전교조는 1980년대 초에 결성한 YMCA중등교육자협회의 참 교육 실현과 학교 현장의 교육 민주화 운동에서 출발했다. 이들은 "저 환한 형광등 아래에서 입시만을 위해 매진하는 학생들과 19세기식 교실에 내팽개쳐진 자율, 인간화 교육을 보십시오. 이제 더 이상 방관만 할 수 없습니다(홍성군교사협의회 결의문).”라고 선언하며 교육의 자율성과 민족, 민주, 인간화 교육을 위하여 단체 설립에 나섰다. 당시 전국의 개혁적인 교육자 단체 지도자들은 풀무학교를 자주 방문하며 참 교육 실현의 모델로 삼았다. 풀무학교는 저들이 지적하는 우리나라 교육의 문제점을 40년 먼저 제기하며 새로운 대안 교육을 실천하고 있었기 때문이다.

전교조는 결성 과정에서 전국적으로 1,527명의 교사가 파면, 해임되는 등 정권의 탄압을 받으며 격렬하게 저항했다. 그러나 풀무학교는 이 교육 개혁 운동에 참여하지 않았다. 오히려 전교조에 가입한 풀무학교 교사들에게 탈퇴를 종용했다. 풀무학교는 소리 없이 참 교육을 실천했다.

무교회가 정치, 사회 각 분야에서 이 같은 자세를 보이자 진보적인 사람들로부터 현실 문제를 외면한다는 비판을 받기도 했다. 이에 대해 해방 후 한국 무교회의 대표 노평구는 일찍부터 “진리에 의한 인간 내면의 변화 없이 모든 정치 활동과 교육 활동은 무의미하다.”고 말했다(『노평구 전집』 1권, ‘무교회 신자의 비사회성에 대한 비난에 대하여’). 노평구는 근대 유럽 문명의 개혁은 종교 개혁에서 비롯된 것이라며 다음과 같이 주장했다.

“16세기 루터의 종교 개혁은 신앙만의 신앙으로 모든 영혼을 깊은 죄의 인식으로 하나님 앞에 세우고, 따라서 외적으로는 사람을 신분 계급의 고하, 직업 지위의 우열, 성별, 학식 유무 등에 구애되었던 봉건적인 생각에서 완전히 해방되어 자각한 인간으로 회복시킨 데서 근대 유럽 문명이 출발한 것이다. 루터의 종교 개혁으로 민족주의, 근대과학, 의회정치, 프랑스혁명, 산업혁명, 자본주의, 독일 관념철학, 미국 독립혁명 등 위대한 사건들이 가능했던 것이다."

『노평구 전집』 2권, '루터의 종교 개혁과 근대문명'

풀무학교는 참 신앙, 참 교육, 인간 내면의 개혁, 생태농업, 지역사회 교육 등으로 개혁 다음에 도래할 사회를 준비하고 있다. 풀무학교의 이 같은 교육은 이웃과 더불어 실천하는 방식으로 나타났다. 풀무학교는 한국에서 처음으로 소비자협동조합(뒤에 생협)을 결성하고 신용협동조합을 만들었지만, 학교 안에 두지 않고 지역에 내보내 주민 스스로 결성, 운영하도록 했다. 그 결과 풀무학교가 설립된 지 60년이 되는 현재 홍동에는 조합 식으로 만들어 스스로 운영하는 단체가 30여 개에 이른다.

자본주의의 양극화와 끝없는 경쟁 사회에서 보통 사람들이 힘을 모아 자신들의 문제를 스스로 해결하고 개척하는 협동 사회로의 지향은 밑으로부터의 경제, 사회, 정치, 문화적 개혁이다. 그 개혁의 밑바탕은 신앙과 교육이라는 인간 내면의 개혁으로부터 출발한다. 풀무 사람들은 그 무대를 농촌으로 정했다. 한국 무교회의 지도자 김교신은 《성서조선》 창간사에서 다음과 같이 선언했다.

"성서조선아, 너는 소위 기독교 신자보다는 조선의 혼을 가진 조선 사람에게 가라. 시골로 가라. 산골로 가라. 거기서 나무꾼 한 사람을 위로함을 너의 사명으로 삼으라."

일본 무교회도 학교 교육 통해 전승

한국뿐만 아니라 일본에서도 무교회는 학교 교육을 통해 전승되고 있다. 우찌무라 간조의 문하생 3명이 각각 고등학교를 설립했다.

우찌무라의 문하생 스즈키 스케요시(鈴木弼美)는 동경대 문리대를 나온 사람으로 천황을 신으로 인정하지 않는 신앙인이었다. 그는 태평양전쟁이 한창이던 1944년, 전쟁 반대 발언으로 체포돼 8개월간 감옥살이를 했으며, 종전 후에도 방위세가 일본 평화헌법에 위배된다며 최고법원에 고소하는 등 생각과 개성이 뚜렷한 평화주의자다. 전쟁이 끝나자 개편되는 학교 제도를 보고 입시 위주 교육에 문제를 제기하며 1948년 야마가다현에 기독교독립학원고등학교를 세워 전인 교육을 실천하기 시작했다.

1964년, 우찌무라의 문하생 고다니 준이치(小谷純一)가 교토와 인접한 미에현에 애농고등학교를 세웠다. 하나님, 사람, 땅을 사랑하는 '삼애정신(三愛精神)'을 교육의 기본으로 삼는 3년제 소규모 농업고등학교다. 성서에 입각한 인격 교육, 전체가 기숙사에서 함께 사는 생활공동체, 유기농업 중심의 농업 교육이 건학 이념이다.

1988년, 다까하시 사부로(高橋三郎)는 시마네현에 애진고등학교를 세웠다. '풍성한 지성과 확고한 양심을 함께 가진 책임의 주체가 되는 독립인을 육성한다.'는 목표로 설립했다. 당시는 일본 경제의 거품이 최고조에 달하던 때로 모두 돈벌이에 미쳐 있고 학교는 대학 입시 준비 기관으로 전락한 가운데 학교 폭력이 난무하는 등 정신적으로 소중한 것들을 잃어가고 있었다. 이에 설립자는 지성과 양심, 책임, 독립을 목표로 젊은이를 키우는 게 중요하다고 생각했다.

　우찌무라의 문하생들이 세운 위 3개 학교는 설립 정신과 교육 목표, 방법 등에서 똑같다. 무교회 신앙을 바탕으로 입시 위주 교육을 거부하고 전인 교육, 소규모 학생을 모집해 전원 기숙사에서 생활하는 공동체 교육, 그리고 일본 군국주의를 반대하는 평화 교육을 하는 것이 그렇다.

　특히 이들의 평화 교육은 특기할만하다. 학생들은 원폭 피해지 히로시마로 수학여행을 가서 전쟁의 참상을 본다. 그리고 오키나와를 정기 방문한다. 오키나와는 전쟁 후 미군 기지가 됐다가 1970년에 반환했지만 아직도 미군 기지가 많다. 태국전쟁, 베트남전쟁에도 미군기 출격 장소로 사용됐다. 주민들의 이전 요구가 계속되고 있는 가운데 학생들은 미군 기지 반대 대책위 관계자들을 만나 이야기를 듣는다.

　히로시마에서 배를 타고 30분 거리에 오오쿠노섬(大久野島)이 있다. 이 섬은 일본 최대 군항이지만 전쟁 당시 지도에 표시하지 않았다. 여기서 국제적으로 불법인 독가스를 비밀리에 만들었기 때문이다. 이 독가스는 중국에서 많이 사용했는데, 전쟁이 끝날 때 일본군이 땅에 묻고 퇴각해 지금도 가끔 폭발해 주민들이 피해를 입지만 일본 정부는 모른 척하고 있다. 애진학교 학생들은 이 섬에서 1박 2일 동안 머물며 가해자 일본에 대한 역사를 공부한다.

3개 학교 평화 교육의 정점은 평화 교육의 날 수업이다. 해마다 2월 11일은 일본 건국기념일로 공휴일이다. 그러나 이 3개 학교는 이 날을 일본 전쟁 책임의 날로 정하고 학교에 나와 평화헌법을 공부하며 강사를 초청해 일본의 잘못된 역사를 공부한다. 건국기념일은 천황이 즉위한 날이라는데 근거 없는 신화라고 일축하며 사상과 양심의 자유, 평화를 가르친다.

일본의 3개 학교 학생들은 거의 해마다 한국의 풀무학교를 방문, 학생들과 교류를 잇고 있다. 그들은 한국에서 천안 독립기념관, 제암리 교회, 3.1운동 순국 기념관, 서울 탑골공원, 안중근 의사 기념관, 서대문형무소, 윤동주 문학관, 일본군 위안부 소녀상 등 일본인들의 침략사 현장을 찾아다닌다. 애진고등학교는 1993년부터 한 해도 거르지 않고 한국을 방문했는데, 2013년에는 『역사를 마음에 새기기 위한 한국 연수 여행 20년 족적』을 432페이지 두꺼운 책으로 펴냈다.

한국 무교회주의자들과 제국주의에 저항했던 일본 무교회주의자들은 대를 이어가며 신앙과 지성을 교류하고 있다. 2017년 2월, 일본 기독교독립학원고등학교에서 풀무학교와 일본의 3개 학교 교사 50여 명이 9박 10일간의 합동 연수회를 갖고 동지애를 다졌다. 박완 이사장을 비롯해 9명의 풀무학교 교직원들은 일본의 3개 학교를 차례로 방문하며 첫 교류를 가졌다. 야마모도 세이찌(山本精一) 독립학원고등학교 교장은 연수회 개막 인사에서 다음과 같은 말을 던졌다. 짧고 단단한 그의 한 마디는 무교회 기독교 신앙을 바탕으로 이어지는 교육의 핵심을 꿰뚫는다.

"한국과 일본의 4개 학교는 국가와 민족을 넘어 운명적으로 주어진 과제가 있다. 바로 반시대성이다."

이찬갑

이승훈에 바른말하는 유일한 청년

이찬갑은 1904년 평안북도 정주군 익산면에서 태어났다. 그는 작은 할아버지인 남강 이승훈이 세운 민족 운동의 본산으로 불리는 오산초등학교와 오산중학교에서 공부했다. 이승훈은 1919년 3.1독립선언서 작성에 기독교 측 대표로 참가했다가 구속돼 감옥 생활을 했다. 3.1운동이 일어나자 일본 헌병은 이승훈이 세운 오산학교를 불태워버렸다. 문을 닫은 오산학교는 1년 6개월만인 1920년 9월 다시 문을 열었다. 오산학교는 200여 명의 학생을 수용할 수 있는 건물을 새로 짓고 재단법인 인가 준비에 들어갔다.

그러자 다음해인 1921년 10월 이찬갑은 오산중학교를 중퇴하고 말았다. 오산중학교는 1925년 법인 설립 인가를 받아 이승훈이 이사장에 취임해 고등보통학교로 인가를 받았다. 당시 17세 중학생이 이사장의 학교 운영 방침에 불만을 갖고 교문을 차고 나간 것이다. 재학 중에 야구 투수로 전국 대회에 출전, 일본 팀을 모두 이기고 우승을 차지해 조만식 교장과 옥중의 이승훈이 매우 기뻐했다는 이찬갑이 왜 학교를 중퇴했는가? 이에 대해서는 글을 쓴 사람들마다 짧은 한 마디로 설명하고 넘어간다. "학교의 외형적 성장에 반대했다"는 것이다. 오산학교가 일제로부터 정규학교로 인가를 받기 위해 외형적으로 성장을 추구하는 것에 대해 격렬하게 반대했다는 것이다. 상투를 튼 일곱 명 학생을 모아 옛 서당 건물을 그대로 사용하며 산 정신 교육으로 썩은 사회를 맑게 해보자고 세운 오산학교 정신이 사라졌다고 판단한 것이다.

이찬갑은 23세가 되던 1928년 1월, 서울 피어선고등성경학교에 들어가 공부를 했다. 그는 전국 각지에서 목사가 되려고 올라온 교인들과 사귀며 공부하는 중 교회 내부 현실에 실망한다. 교회가 가난한 자에게 복음을 전하는 길을 막고 있는 현실을 보았다. 이찬갑은 그해 여름 피어선을 나와 교회와 다른 길을 가려고 마음먹는다. 일본에 건너가 빈민굴 생활을 돌아볼 결심을 한다. 그러던 어느 날 우연히 보게 된 김교신의《성서조선》잡지에서 "먼저 그의 나라와 의를 구하라"는 글에 감명을 받는다. 이찬갑은 고향 오산으로 돌아가 이상촌을 만들겠다는 사명감을 갖게 된다. 그는《성서조선》72호에 이렇게 썼다.

"용동서 학교 가는 길에 옷 잘 차려입은 점잖은 이들이 지나가는 것을 보며 '너희들 암만 오산서 흥성귀며 계획하며 힘써 보아라. 내가 이번만 더 갔다 오면 아부라함에게 가나안을 허락하심처럼 나에게 오산을 허락하시리라."

그해 9월 이찬갑은 친구 김봉국과 함께 일본에 건너갔다. 도쿄 빈민가와 치바현 농촌을 돌아다녔다. 뒤에 주옥로는 이찬갑이 사망했을 때 예배에서 '고별의 말씀'을 통해 그에 대해 다음과 같이 설명했다.

"사모님 말씀 중에도 (이찬갑은) 누구에게나 바른말하다 싸웠다고 하였습니다. 남강 이승훈 선생이 종조부신데, 연령도 위고 성격도 보통이 아니어서 오산 일대에 아무도 그의 말을 거스르는 이가 없었다는데 오직 한 사람 이찬갑 선생만이 그에게 대든 분이었다고 합니다. 이승훈 선생도 말년에 생애를 회고하면서, 내게 젊은이가 따지고 덤벼든 자는 찬갑뿐이라고 했다는 것입니다. (…)

한때 이 선생은 종손으로 오산에서도 할 일이 많은데 일본에서 돌아다니고 귀국하지 않았습니다. 고향의 백부장이 손수 일본까지 찾아가서 빈민굴에서 헌옷을 입고 초라한 차림에 고생하고 있는 것을 보고 네가 이럴 수가 있느냐 말이어, 네가 오산에 가면 무어고 큰일 할 수 있으니 나를 따라가자고 귀환을 촉구했더니 그 썩은 오산에 안 돌아가겠다고 역정을 내셨다고 합니다. 아마 그때 오산학교가 초창기와 달리 고보로 승격된 뒤 교사들이 월급을 많이 받자 일반 서민과 생활이 동떨어진 것을 문제 삼으셨던 것 같습니다."

『새날의 전망』(1974)

오산학교는 교내에 설립자 이승훈의 동상을 세우고 많은 사람이 참석한 가운데 제막식을 했다. 오산학교 출신은 물론이며 전국의 교육계, 언론계의 내로라하는 중진들이 모인 제막식은 이승훈의 인간성과 공적, 조선 역사에서 차지하는 의미 등을 풀어가며 화려한 수사들이 동원됐다. 그러나 이찬갑은 산 사람 동상을 세우는 것은 우상 놀음이라고 비판하며 참석하지 않았다. 이찬갑은 언덕 위에서 구경꾼들 틈에 끼어 바라만 봤다. 그냥 돌아서 딴 일을 하기에는 마음이 편치 않았던 모양이다. 그런데 뒤에 이승훈이 제막식에서 한 말을 전해 들은 이찬갑은 그 자리에 참석하지 않았던 것을 몹시 아쉬워했다. 이찬갑은 1934년 5월 《성서조선》에 '남강은 신앙의 사람이다'라는 제목으로 긴 글을 쓰며 회상했다. 제막식에 참석했던 함석헌의 글과 유노원 학생으로부터 전해 들은 이승훈의 제막식 인사말 때문이다. 이승훈은 순서에도 없는데 옆 사람의 만류를 뿌리치고 단상에 올라가 간단하게 한 마디하고 내려왔다.

"내가 오늘까지 온 것은 내가 한 것은 조금도 없습니다. 모두 신이 나를 그렇게 만들었습니다. 여러분이 아시는 대로 나는 본래 불학무식(不學無識)합니다. 나는 이 뒤에 선 동상과 같은 사람입니다. 아무 것도 아는 것이 없었으나 신이 나를 이렇게 이끌어서 오늘까지 왔습니다. 신이 나를 지시하며 도우심뿐입니다. 이후로도 그럴 줄 믿습니다."

남강 이승훈은 일찍 부모를 여의고 공부할 기회도 없이 10살 때 놋

그릇 상점 점원으로 들어가 14살에 보부상으로 떠돌아다니며 장사를 해 돈을 모아 놋그릇 가게를 차렸다. 일본 영사관과 송사를 벌이는 동안 배일 감정이 생긴 가운데 어느 날 안창호의 연설을 듣고 감명을 받아 오산학교를 세웠다. 안창호의 "나라가 없이는 집도 몸도 있을 수 없고 민족이 천대받을 때 혼자만 영광을 누릴 수 없다."는 연설이었다.

이승훈의 이 같은 제막식 인사말에 대해 이찬갑은 "죽었던 용기가 다시 소생하는 듯, 캄캄하여진 속에 빛이 보이는 듯, 무 소망 중에서 산 소망이 솟아오르는 듯하여진다. 이 말씀은 진실로 나의 신앙생활에서 몇 번이고 산 믿음을 주는 것이었으며 의미 있게 나의 일에 힘을 준다."고 격찬했다.

"북녘은 시베리아 찬바람, 남녘은 썩어가는 뒷간"

이찬갑은 1938년, 10년 만에 일본을 두 번째 방문했다. 이찬갑은 이때 새로운 농촌 학교 설립을 구상하고 이를 필생의 과제로 여겼던 것이 아닌가 생각된다. 그가 주로 찾아다닌 곳은 교육 기관이었다. 시즈오카현에 있는 구즈라국민고등학교에서는 반년 정도 학생으로 공부했다. 연구자들은 이때 이찬갑이 그 학교 오오타니 에이지 교장으로부터 덴마크의 그룬트비 사상을 전수받았을 것으로 보고 있다. 또 일본 무사시노학원과 타마가와학원 등을 시찰했는데 타마가와학원은 일본 전인 교육 기관으로 유명했다. 이찬갑은 뒤에 풀무학교 학생들에게 덴마크의 신학자 그룬트비와 국민고등학교 이야기를 자주 반복했다.

  이찬갑은 이승훈의 운영 방침에 반대하며 학교를 떠났지만, 이승훈이 꿈꾸었던 이상촌 건설 운동을 사실상 가장 착실하게 이어받았다. 1920년대부터 용동에서 전개되었던 이상촌 운동은 이승훈에 의해 시작되었지만 그 실질적 주역은 이찬갑이었다. 이에 대해서는 역사학자 백승종이 펴낸 책 『그 나라의 역사와 말』(2002)에서 설명한 내용을 요약해 본다.

> 이승훈은 학교가 위치한 평안북도 정주군 용동마을에 산업과 교육이 연결되어 완전한 자치를 이룩하는 이상촌을 건설하려고 했다. 용동을 중심으로 오산 일대가 식민지 조선에서 가장 모범적인 경제적, 문화적 및 윤리적인 지역으로 만들어 조선 민족 전체가 본받게 하고 싶다는 꿈이었다. 이 꿈은 당시 오산 지도자들 모두의 꿈이 되었다. 그리고 그 꿈을 실천하는데 앞장 선 사람이 젊은 청년 이찬갑이었다.
>
> 오산학교를 중퇴한 이찬갑은 집에서 과수원과 양계장을 운영하며 농촌 운동을 했다. 그의 농촌 운동은 농지 개량, 연료 개량, 협동 생산, 협동 노동 및 소득 증대 운동을 주요 내용으로 했다. 이런 활동은 모두 자면회를 통해 추진했다. 용동 자면회의 핵심 조직은 청년회였으며 청년회 사업의 상당 부분은 이찬갑이 기획했다.
>
> 일제는 이 같은 이찬갑을 감시했다. 총독부가 민간 기구인 체육회를 강

제로 개편하려 하자 이찬갑이 단호하게 반대하며 맞섰다. 일제는 이찬갑의 대문에 순찰함을 매달아 두고 시도 때도 없이 집 앞을 오가며 감시했다고 한다. 《성서조선》 66호는 300부 가량 전량을 일경에 압수당했는데 이찬갑의 글 때문이었다는 것이다. "오산학교에 불이 붙었다"는 글을 수록했기 때문이라는데 그 내용은 정확하게 전해지지 않고 있다.

이찬갑은 1948년 5월 가족과 함께 남한으로 내려왔다. 이에 대해 함경북도 경성에서 먼저 월남한 노평구(1912~2003)는 "이찬갑은 이북을 지킬 각오로 머물다 끝내 추방당하다시피 늦게야 월남했다."(《성서연구》 247호)고 썼다.

이찬갑이 삼팔선을 넘어온 지 3개월 뒤인 8월 15일 남쪽에서는 대한민국 정부가 수립됐고, 25일 뒤 9월 9일 평양에서는 조선민주주의인민공화국이 출범했다. 5년 뒤에는 한국전쟁이 일어났다. 김일성이 북한에 세우는 인민공화국의 철권통치를 거부하고 삼팔선을 넘어온 이찬갑에게 비친 남한의 모습 역시 실망이 컸다. 노평구는 "처음 본 선생은 얼굴에 진실이 넘쳤다. 북녘에는 시베리아 찬바람이 세차게 불었는데 이남은 마치 푹푹 썩어가는 뒷간 같다고 했다."고 말했다. 이찬갑은 노평구의 잡지에 다음과 같은 시를 보냈다.

"오 북녘! / 급변하는 날씨 따라 / 모두들 그 추운 시베리아 찬바람에 못 견디어 하며 / 또 다시 따라 나온 그 곰이 더 무섭다고 너도 나도 떠나는 곳을 / 그저 그것만인 양 하고 뻗대도 보려니와 / 더구나 크나큰 의미의 채찍도 같아 끝내 순종도 하였건마는. 아! 그것이 저 북극의 극한까지의 것 그대로일 줄이야 / 되우쳐 더 심하게 쌩하고 불어오매 공중에 떠 넘어왔고나.

오 남녘! / 그래 여기가 열대지방의 계절풍에 썩어나는 꼴 차마 볼 수 없을 줄은 미리 짐작도 했건마는 / 그래도 이렇게 송두리채

《성서연구》(1949년 8월호)

이찬갑이 송두용에게 쓴 편지에는 다음과 같은 구절이 나온다.

"글쎄 북한은 저 모양 철의 장막 속에 암굴이 되고 남한은 제멋대로 놀 자유천지래서인지 이 모양 협잡의 나라, 깡패의 나라가 되고 말았으니 이제 우리는 어찌 하리이까?

《성서인생》(54호)

남북한 양쪽 사회 현실에 모두 실망하고 한국전쟁의 참상을 경험한 이찬갑은 민족의 살 길을 교육에서, 농촌 교육에서 찾아야겠다는 생각을 절실하게 했다. 한국전쟁이 한창 진행 중인 1951년 봄, 부산 동래에서 그가 남긴 글 중 가장 긴 '다시 새 날의 출발'을 썼다. 이 글의 부제목이 '새 이념의 농촌 교육'이었다. 그 뒤 부산 대연초등학교, 경기도 여주군 대신중학교, 인천 해성고등학교에서 강사를 하며 초중고등학교 교육을 차례로 경험했다.

초라해서 더 의미 있는 풀무학교 개교

1958년 4월 23일, 충남 홍성군 홍동면 팔괘리에 풀무고등공민학교 개교 및 1회 입학식이 열렸다. 이찬갑은 이 자리에서 기념의 말을 길게 했다. 그 뒤 주옥로가 《성서인생》에 수록하기 위해 이 말을 글로 옮겨 달라고 부탁했다. 그래서 개교 1년 뒤인 1959년 6월까지 《성서인생》에 연재한 '풀무학원 개교를 맞이하면서'는 이찬갑의 교육뿐만 아니라, 백년 앞을 내다 본 그의 사상과 철학을 가장 잘 볼 수 있는 작품이다. 이날 개교식은 학생 18명, 교사 2명, 그리고 학부형 몇 명이 참석한 초라한 개교식이었다. 사회자가 "이런 학교 개교식이야말로 성황을 이루어야 하는데 그렇지 못해 유감"이라는 말을 하며 시작했다. 그러나 연단에 올라온 이찬갑은 다른 말을 했다.

"저는 그렇게 생각되지 않습니다. 차라리 오늘 이 자리가 빈약하다 못해 처참한 지경일수록 도리어 의미가 있어질 것만 같습니다. 또 그래야 할 것만 같습니다. 기성의 모든 교육과는 형상에서가 아니라 질에서부터 근본적으로 다른 새로운 출발을 하는 수밖에 없습니다.

교육 이념과 구상을 적어 보내라는 연락이 홍동으로부터 있었습니다. 동시에 홍동에서 추진한다는 기성회의 상황을 써 보내왔습니다. 처음엔 그럴듯하게 여겨지기도 했습니다만, 어쩐 일인지 차츰 들리는 말에 처음과 달라지는 것 같아 괴로웠습니다. 그러던 중 다시 직접 와서 소식을 전해주시는 말에 홍동의 유력자 여러분이 중심이 되어 추진한다던 기성회가 깨졌다는 소식이었습니다. 퍽 실례가 될지 모르겠습니다만 이 말을 기쁜 새 소식인 양 들었습니다. 그래야 진정 새로운 일이 있을 것 같았습니다. 소식 전해주시는 분께 이제는 되었으니 기운을 내서 해보자고 하였습니다. 동네 아이들 모아다가 밝은 하늘 맑은 대기 속의 뒷동산 잔디밭 깨끗한 무늬 놓은 풀방석 위에서 시작하자고 했습니다.

6.25사변, 1.4후퇴 때 임시 수도 부산에서는 사람이 오가는 길가에서도 가르친 일이 있습니다. 차라리 그것이 우리 민족의 모습일 것입니다. 인간이 다행히도 제 자리의 장점을 찾는 일이기도 할 것입니다. 너무나 자연스러울 일일 것입니다. 이 민족의 모습대로 시작해야 참일 것입니다. 그렇지 않다면 거짓임에 틀림없을 것입니다. 소박스러운 참의 시작, 거기서 새로운 싹이 터날 것입니다.

이 새로운 학교는 우선 이 마을, 홍동의 것이 되지 않아서는 아니 됩니다. 결단코 어느 권력자의 힘이나 원조물자의 덕으로 떠들고 야단하며 되는 것이어서는 아니 됩니다. 학교란 이 마을, 이 민족의 생리의 지체 중 하나인 눈으로 자라나야 하는 것이고, 다시금 이 가난한 민족을 떠이고 더 일층 신고하는 일군을 기르는 것이어야 하기 때문입니다.

이 백성 상한 얼굴의 소유자인 이 마을 이 홍동의 가장 기본층인 이들을 비롯한 모두가 너무나 당연스러운 내 아들과 딸을 길러내는, 내 고장과 이 민족을 살리는, 이상의 새 나라를 이루는 것으로 알게 되지 않으면 아니 됩니다."

이찬갑은 이날 오산학교가 초창기 정신을 잃어버리고 세속화된 과정을 신랄하게 비판하며 설명을 이어갔다.

"그 학교는 사상이 뒤끓는 애국자의 소굴이었으며 하나의 생명의 산 덩어리였습니다. 그 촌의 것이 민족의 것이었습니다. 그랬건만 3.1운동 뒤 남의 흉내 따라 튼튼한 토대를 만든다고 재단법인을 만들고, 어디로 올라가는지 승격한다고 굉장히 떠들더니만, 결국 정신이고 사상이고 다 달아나 버렸습니다. 무슨 정성도 아무 특색도 없어진 그때 시절의 어디든 있는 하나의 소위 학교가 되고 말았습니다."

이찬갑은 덴마크 그룬트비의 농촌 교육을 극찬하면서 농업 기술이나 운동이 아닌 정신 교육을 강조했다.

"그들은 농촌 운동가가 아닙니다. 민족을 깨우친 아들들입니다. 그들이 행한 인간적인 민족 교육이 지금의 농촌의 낙원 덴마크를 이루어 놓았다면 더욱 흥미가 있지 않습니까? 그들의 소농, 중농, 대농 등 생활 상태, 협동조합을 보고 와서 우리도 그렇게 하자 하지만 결코 그렇게 되는 것이 아닙니다. 덴마크 교육 연구 권위자인 홀만 씨는 열여덟 살 이상 청년들을 불러 모아 놓고 덴마크 산 역사를 산 제 나라 말로 힘차게 말하며 정신과 혼을 불어넣는 일을 하였습니다. 덴마크 국민고등학교에서 겨울 농한기 4,5개월만 지내고 나면 사람이 일변한다고 합니다. 빛나는 이상이 생기고 산 사람이 되니 얼굴에 빛이 나고 희망이 가득 찬 웃음의 얼굴로 변한답니다. 그러니 각각 제 고향에 눈부신 활동으로 새로운 역사 창조의 전개가 있게 된 것이 아닙니까? 그 학교는 그처럼 정신 교육, 제 역사와 제 말을 중심한 정신 교육이어서 농업학이나 비료학 등의 과목이 없답니다.

덴마크의 그것이 농촌 운동만이 아니라 민족 문제였다고 말할 수 있다면 우리가 하는 일은 한층 더 들어간 것이어서, 자연의 본래 의미를 찾는 새 우주관 문제만이 아니라 인간 본래 의미를 찾는 인생관 문제로 들어가야 할 것이라고 말할 수 있는 것입니다."

이날 이찬갑이 결론으로 정리한 말은 60년이 지난 현재에도 그대로 적용이 가능해 풀무학교는 물론 우리나라 교육계의 많은 이들이 거듭 인용하고 있다.

"지금까지는 현대 문명의 총아인 도시를 중심으로 한 도시 교육, 선발 교육, 물질 교육, 간판 교육, 출세 교육에서 이 인간이 멸망하고 이 민족이 썩어가고 있었던 것입니다. 그러나 이제부터의 새 교육은 새로운 시대의 총아일 농촌을 중심으로 한 농촌 교육으로, 민중 교육으로, 정신 교육으로, 실력 교육으로, 인격 교육으로 이 민족을 소생시키고 이

인간을 새로 나게 해야 할 것입니다."

마을 유리조각 줍는 선생

1958년부터 1960년 사이, 홍동의 마을 안길에서 헬멧 모자를 눌러쓴 50대 중반의 노인이 땅에서 눈을 떼지 않고 천천히 걸어가는 모습을 사람들은 쉽게 볼 수 있었다. 노인은 땅에서 무언가를 주워 바지 양쪽 호주머니에, 어느 때는 끈 달린 헝겊 가방 속으로 연신 집어넣었다. 노인은 나지막하게 기도하며 걷고 있어 누가 옆에 바짝 붙어 있으면 기도 내용을 알아들을 수 있었을 것이다. 당시 농촌 아이들은 여름철에 신발도 신지 못하고 맨발로 다녔다. 논밭에서 나온 농부들도 맨발로 다니는 게 보통이었다. 풀무학교 교사 이찬갑은 맨발의 농민과 아이들이 다칠세라 마을길에 떨어진 유리조각이나 사금파리를 주워 학교 뒷산에 구덩이를 파고 묻는 일을 일과처럼 반복했다. 사람들은 그에게 "유리조각 줍는 선생"이라는 별명을 붙여주었다. 그의 제자들이 지금까지도 가장 많이 기억하는 모습은 '유리조각 줍는 선생님'이다.

눈이 쌓이고 북풍이 몰아치는 겨울밤. 새벽 2시쯤 되면 농촌 초가집 방바닥은 얼음처럼 차가워지고, 날이 밝아 이불 속에서 나오면 윗목에 놓아둔 물그릇이 꽁꽁 얼어붙었다. 당시 젊은이들은 산에 올라가 땔감을 구하는 일이 겨울철의 가장 중요한 일과였지만, 방은 여전히 춥고 산은 날로 벌거숭이가 되고 있었다.

평안북도 오산에서 청년회를 결성해 부엌 개량, 연료 효율화 운동을 벌였던 이찬갑이 홍동에 학교를 세운 후 다시 농촌 마을로 나갔다. 부엌 아궁이에 철문을 달고, 굴뚝 중간을 반쯤 잘라내 얇은 함석으로 미닫이 차단 장치를 했다. 저녁밥을 지을 때 장작불로 구들을 뜨겁게 데운 다음, 부엌 아궁이 문을 닫고 굴뚝 미닫이를 밀어 넣어 열 손실을 차단했다. 이찬갑은 학생들과 함께 농가를 찾아다니며 볏짚을 잘라 황토를 버무려 아궁이를 다시 만드는 일부터 모든 과정에 손수 시범을 보였다.

보리밭에 깜부기가 너무 많은 것을 본 이찬갑은 마을로 나가 종자 소독 운동도 했다. 커다란 함지박에 종자용 보리를 담고 물을 가득 채워 넣고 저어 깜부기와 쭉정이를 건져내고 소독약을 풀어 소독을 했다.

홍동면 농촌 마을은 풀무학교 학생들의 교실이며 농민 교육장이었다. 개교 다음해인 1959년 1월 2일은 함석헌과 유달영을 초청해 홍동면사무소에 면민들을 모아 놓고 강연회를 열었다. 특히 유달영은 덴마크에서 가져온 슬라이드를 보이면서 농촌 개발에 대해 구체적인 방안들을 제시했다.

3년 풀무질 영향 60년 넘게 이어져

초창기 풀무학교의 매일 아침 첫 시간은 전교 학생이 모이는 '훈화' 시간으로 마련해 정신 교육, 인격 교육, 사회 교육을 했다. 교사들이 요일별로 돌아가며 맡아 특강을 했는데, 학생들은 정규 수업시간보다 이 시간을 통해 더 진한 감동을 받았다. 이찬갑은 역사와 민족 문제, 주옥 로는 기독교 신앙, 최성봉은 농촌 문제, 주호정은 국내외 시사 풀이, 홍순명은 시와 문학을 강의했다. 함석헌, 송두용, 노평구 등 전국에서 이름난 인물들도 자주 찾아와 이 시간을 통해 수준 높은 강연을 했다.

이찬갑의 훈화는 서울에서 열린 '육당 · 춘원의 밤'에 참석하고 돌아온 소감에서 절정을 이루었다.

일제시대 친일 지식인 춘원 이광수는 1950년 한국전쟁 직후 평양에 끌려가서 병사하고, 육당 최남선은 1957년 10월 서울에서 사망했다. 최남선, 이광수, 홍명희는 조선의 3대 천재라고 불리는 대표적 지식인으로 일제시대 독립운동도 많이 했다. 그러나 홍명희는 북한으로 가고, 최남선과 이광수가 말년의 친일 행적으로 국민적 실망을 안겨주었다. 최남선의 사망 한 달 후인 11월 23일, 월간 잡지 《사상계》는 이들에 대한 평가를 위해 '육당 · 춘원의 밤'을 열었다. 서울에서 열린 이 모임에 참석했던 이찬갑이 2년 후 학생들 앞에서 울분을 토했다. 재일 조선인 유학생 학병 지원을 권고하는 강연을 하고 다닌 최남선과 친일 어용 단체인 조선문인협회 회장으로 스스로 먼저 창씨개명을 하는 등 친일 행적을 크게 남긴 이광수가 해방 후에 반성은커녕 변명만 일삼았다는 것이다. 더군다나 이들은 해방 후 친일 반민족 행위자로 체포되나 곧 병보석으로 풀려났다.

당시 학생들은 초등학교에서 최남선과 이광수에 대해 국민적 추앙을 받는 인물로 교육을 받았다. 우리나라 신문학 운동의 선구자며 사학자인 최남선은 독립선언문을 기초하고 2년 6개월 간 투옥되기도 했다. 우리나라 최초의 근대 장편소설의 장을 연 문인 이광수는 일본에서 2.8독립선언서 기초를 쓰고 임시정부 기관지 《독립신문》 주간이었다. 그들이 말년에 친일 행적을 남겼지만, 친일파를 등용해 독재 정치를 했던 이승만 정권 아래에서 일반 국민들에게는 그들의 친일 행적을 숨겨두고 있었다. 그러나 이찬갑에게는 용서될 수 없는 사람들이었다. 더욱이 오산학교 교사를 지냈던 이광수는 이찬갑의 동향 선배였다.

초등학교에서 존경하던 인물들로 배운 최남선, 이광수가 친일 반민족 행위자라며 맹렬히 비판하는 강의를 들은 풀무학교 학생들은 눈을 새롭게 떴다. 초등학교에서 '국민의 아버지'로 알고 존경하던 이승만 대통령과 자유당 정권에 대한 신랄한 비판을 들은 학생들의 의식이 백팔십도 바뀌었다.

이찬갑은 이승만 정권에 대해 격렬하게 비판했다. 친일파를 등용해 독재와 부패로 얼룩진 정치를 해온 이승만 대통령이 한국전쟁이 터지자 이틀 만에 자신만 대전으로 도망가고 한강철교를 폭파시켜 수많은 피난민들을 수장시킨 행위들을 통렬히 비판했다. 12년간 장기 집권에도 모자라 영구 집권을 꿈꾸는 이승만의 부정 선거에 항의하던 마산 김주열 학생 눈에 최루탄이 박힌 채 바다에서 시체로 떠오른 일 등을 열거할 때는 손으로 책상을 내리치며 목이 메었다. 학생들도 선생과 같이 울었다. 이찬갑은 이 내용을 200자 원고지에 글로 써서 읽으며 열띤 강의를 했다. 이때 읽던 원고는 그 뒤 유가족과 기념 사업회 등에서 입수하려고 노력했으나 찾지 못해 가장 아쉬워하고 있다.

그런 가운데 1960년 4월 19일 '학생 혁명'이 일어났다. 이찬갑은 마침 서울 집에 갔다가 대학생, 시민, 교수, 초등학생까지 거리에 나와 시위를 벌이는 광경, 독재 정권이 풀뿌리 백성들의 힘에 의해 무너지는 현장을 생생하게 보고 와서 학생들에게 전했다. 당시 1학년 학생이던 필자는 그날처럼 밝고 힘찬 선생의 얼굴은 처음 보았다. 상기된 얼굴로 들어온 선생의 그날 훈화 시간은 학생들에게 비뚤어진 책상 줄 정리부터 하자는 말로 시작했다.

"나라가 바로 되는 판에 책상이 이렇게 비뚤어지면 어떻게 하나, 정리부터 하자."

항상 검정색 혹은 회색 두루마기를 입는 이찬갑은 평소 수업이 시작되기 전에 먼저 교실에 나와 앉아 신문을 보다가 두꺼운 테 안경을 벗고 눈물을 닦는 모습을 학생들은 자주 볼 수 있었다. 그의 철저한 교육은 에피소드도 많다. 대표적인 사건은 한 학년을 모두 퇴학시켰던 일이다. 하루는 2학년 학생들이 청소를 안 하고 모두 집으로 간 일이 벌어졌다. 긴급 교사회가 열렸는데 이찬갑의 강한 주장으로 전원 퇴학시키기로 했다. 자기들이 배우는 교실 청소도 할 줄 모르는 학생을 길러내는 것보다 차라리 한 학급이 없는 게 낫다는 것이었다. 학생들의 거듭된 사죄로 복학은 됐지만, 이찬갑의 철저한 성격과 교육 방침이 오늘날까지 전달되는 사건으로 많은 제자들이 기억하고 있다.

이찬갑은 1960년 12월 17일 밤, 차가운 방에서 수업을 준비하다 잠이 들었다. 당시 추위를 이기기 위해 흔하게 하던 방법대로 꺼진 연탄

불을 방에 들여놓았으나 남은 가스가 새 나와 정신을 잃고 말았다. 이찬갑은 첫 졸업식을 두 달 남겨 놓고 학교를 떠났다.

1974년, 제자들과 동료들이 『새날의 전망』이라는 이찬갑 문집을 만들었다. 주옥로는 이 책에서 '한국의 나다나엘'이라는 제목으로 이찬갑의 생애를 더듬어 보는 글을 길게 썼다.

"요한복음서 1장 45절에는 예수께서 나다나엘이 자기에게 오는 것을 보시고, 보라 이는 참 이스라엘 사람이라. 그 속에 간사한 것이 없도다 하심과 같이 이찬갑 선생도 한국의 나다나엘로 소명되심을 믿는다. (중략) 이찬갑 선생을 만나지 않았더라면 풀무학원은 시작되지 않았을 것이며 그가 초인간적으로 심혈을 기울여 준 3년간의 철저한 교육의 토대가 없었더라면 오늘날의 풀무학원은 생각할 수 없었으리라."

필자는 부산에서 몇 해 동안 장기려 부산복음병원장 사택 성서 모임에 참석한 적이 있다. 필자가 장기려에게 주옥로를 잘 아는가 물었다. 장기려의 대답은 주옥로와 이찬갑을 한 마디로 잘 요약해 주었다.

"나는 주옥로 선생님을 행사장에서 몇 번 만났을 뿐이라서 잘 모르네. 그런데 난 주옥로 선생님을 존경해. 왜냐하면 이찬갑 선생님과 함께 일을 한 분이기 때문이야. 이찬갑 선생님은 너무 정직해서 아무나 같이 일을 못한다구."

이찬갑이 홍동에 머물며 풀무학교에서 학생들에게 가르친 시간은 3년에 불과하다. 그는 이 기간에 해방 후 한국 최초의 협동조합 씨앗을 뿌리고 온몸으로 참 교육의 풀무질을 했다. 그가 홍동과 풀무학교에서 보낸 3년이 60년 역사에 그리고 앞으로도 계속 지역과 학교에 끼치는 정신적 영향은 측량하기 어렵다. 민족과 농촌과 청년에 대한 그의 뜨거운 사랑이 강직한 성격과 맞물려 홍동과 풀무에서 철저하게 실천됐기 때문이다.

주옥로

목사에서 무교회주의자로

주옥로는 1919년 12월 24일 홍성군 홍동면 팔괘리 송정마을 풀무골에서 태어났다. 풀무골은 팔괘리 송정마을 중에서도 외딴 골짜기다. 이곳에 농기구를 만드는 대장간이 있었고 대장간에서 쇠를 불에 달굴 때 아궁이로 바람을 일으키는 풀무가 중요한 역할을 했기 때문에 붙여진 마을 이름이다. 언덕 크기의 산이 3면을 두르고 남쪽으로 열린 풀무골에는 3가구가 살고 있었다. 주옥로의 집은 맨 윗집으로 대청마루에서도 오서산이 정면으로 보인다. 주옥로는 이 집에서 태어나 자라는 동안 오서산을 바라보며 꿈을 키웠다. 그가 뒤에 홍동초등학교 교가 가사를 지었는데, 첫 소절이 "하늘에 우뚝 솟은 오서산은 아침저녁 자라나는 우리의 기상…"으로 시작된다.

해발 791미터인 오서산(烏棲山)은 충남 서부 지역에서 가장 높은 산이다. 백제 29대 법왕이 나라 사방의 경계에 국토 보호와 국가 제사의 대상으로 네 개의 신성한 산을 지정했는데 동쪽으로는 계람산(鷄藍山: 계룡산), 서쪽으로는 단나산(旦那山: 월출산), 남쪽으로는 무오산(霧伍山: 지리산), 북쪽으로는 오산(烏山: 오서산)이었다고 한다. 오서산은 고구려의 공격을 방어하면서 한강 유역의 실지(失地) 회복을 염원하는 가장 큰 국가적 과제를 짊어져 다른 산악보다 비중이 컸다는 것이다. (홍순명,《홍동밝맑도서관 소식지》)

주옥로는 1935년 홍동초등학교를 16회로 졸업하고 예산공립농업학교에 입학했다. 그는 평생 집에다 수십 통의 벌통을 놓고 양봉을 했다. 학교 설립 후 양봉반을 만들어 가르쳤는데 농업학교에서 배웠기 때문이다. 그가 홍성군 홍동면에서 예산군 예산읍까지 유학을 가 고등교육을 받은 걸 보면 집안은 넉넉했던 것으로 보인다. 당시 홍성에는 고등학교가 없었다. 응시자 298명 가운데 54명 합격자 중 주옥로가 포함된 것을 보면 공부를 잘했던 것 같다.

주옥로는 키가 늘씬하고 미남형으로 운동에도 능했다. 예산농업학교에 다닐 때 주옥로가 예산역에 나타나면 주위의 깡패들이 찾아와 인사했다고 전해졌다. 주옥로는 풀무학교에서도 정구와 탁구 등에 뛰어난 실력을 보였으며 50대 나이에도 운동장 가에 설치된 철봉에 올라가 거꾸로 서 운동하는 것을 보며 학생들이 감탄했다.

예산농업학교 5학년에 재학 중인 주옥로는 중매로 만난 여성인 예산군 신양면 방경희에게 처음으로 편지를 보냈다. 그런데 2개월 뒤에 그 편지 때문에 수원경찰서에서 호출장을 받았다. 1941년 6월 3일 주옥로의 일기를 보면 그 편지 내용은 밝히지 않았지만 사상 문제 때문이라고 적고 있다. 일제 강점기, 23세 젊은 나이에 여성에게 쓴 연애편지 한 장 때문에 사상 문제로 사법당국의 호출을 받았다는 사실은, 주옥로가 범상치 않은 생각을 가진 사람이란 것을 짐작할 수 있는 대목이다.

예산농업학교 4학년 때 다리에 발병한 골수염은 평생 주옥로를 따라다니는 십자가였다. 세브란스병원을 비롯해 서울과 지방에서 1948년까지 약 10년 동안 일곱 차례에 걸쳐 수술을 하는 등 평생 동안 치료했다. 주옥로는 병고에 시달리면서 내면적으로 성장한다.

주옥로는 5년제 예산농업학교를 졸업하고 1942년에 서울로 올라가 감리교신학교에 입학했다. 그러나 재학 중인 1945년 6월 6일 홍동초등학교 교사로 취임했다. 그리고 2년 9개월 만인 1948년 2월 말로 사임하고 신학교에 복학, 1950년 5월 10일 감리교신학교를 졸업했다. 그리고 서울에서 머물다 한국전쟁을 만났다.

6월 25일, 종로 2가 서울 YMCA에서 열린 일요 성서 강좌에 갔다가 38선에서 전쟁이 터진 소식을 들었다. 28일, 한강을 건너 가까스로 고향에 돌아왔다. 7월 12일 홍성에 진입한 인민군은 7월 14일 홍동에 들어오고, 9월 2일에는 홍동면 팔괘리 석산에 인민군 연대 본부를 설치했다. 옆 마을에 주둔한 인민군 실상을 지켜본 주옥로는 1951년 1.4후퇴 때 제주도로 피난을 갔다. 제주도로 떠나는 부산 부둣가에서 주옥로는 "하나님, 살려주시면 남은 생애를 당신의 일을 하며 살겠습니다."라고 기도했다.

제주도에서 3개월간 피난 생활을 마치고 돌아온 뒤 홍동감리교회

목사로 부임했다. 그리고 월간 잡지 《성서생활》을 펴냈다. 주옥로는 홍동감리교회 목사로 시무 중이었으나 내용적으로는 무교회주의자에 가까웠다. 그는 감리교신학교 복학 중이던 1949년 봄, 동충모의 소개로 함석헌의 YMCA 일요 성서 강좌에 참석하면서 무교회주의 신앙을 접했다. 홍동감리교회에 시무 중이던 1952년 4월과 1953년 1월 무교회주의자 함석헌을 두 번이나 초청해 일주일씩 성서 연구 모임을 가졌다. 무교회주의를 이단시하는 교회에서 무교회주의자 함석헌을 초청해 교회와 시각이 다른 성서를 공부한 것이다.

1954년 4월, 주옥로는 교회 생활 15년, 목회자 생활 3년을 정리하고 공식적으로 무교회주의 기독교 신자가 된다. 우리나라 무교회주의 기독교계에서 신학교를 졸업하고 교회를 맡아 운영하는 목사가 교회를 버리고 나와 무교회주의 신자가 된 사례를 주옥로 이외에 필자는 듣지 못했다. 이 점에서 주옥로는 한국 무교회주의 기독교에 이례적으로 소중한 자산이다. 노평구가 주도하는 무교회주의 신자 계절 모임 장소로 충남 홍성, 안면도, 대천 등으로 옮겨 다닐 때 주옥로가 장소를 주선한 일, 현재 한국 무교회주의 기독교의 중심지가 홍동 풀무학교로 간주되고 있는 점 등은 주옥로의 이 같은 위치와 역할과 무관하지 않을 것으로 생각된다. 그는 교회와 무교회의 장단점을 누구보다 잘 알았다. 주옥로는 교회에서 나온 후 다음과 같은 글을 남겼다

"오늘날 교회는 하늘나라로 가는 문을 막고 있다. 하나님 말씀의 기근, 그리스도의 십자가 없는 값싼 복음 설교, 주인 잃은 빈집 교회가 되고

있다."

주옥로 회갑 기념 문집 『진리와 독립』

청년회 결성, 연극으로 지역 운동

주옥로는 고향 홍동에서 두 번에 걸쳐 청년회를 결성해 지역 운동에 나섰다. 한 번은 해방 직후였고, 두 번째는 풀무학교를 설립한 후 이찬갑과 함께 청년회를 만들었다. 1945년 9월 1일, '개홍청년회'를 결성해 주민 계몽 운동에 나섰는데, '개홍'이란 말을 쓴 것은 홍동에 대한 개량, 개방, 개혁 등 주민을 깨우칠 목적이었던 것으로 추정된다. 회원은 정보용, 이기태, 이기성, 이경순, 강동순, 이명연 등 40여 명이었다. 홍동초등학교에 부임한 지 3개월도 안 된 초년 교사가 일제로부터 해방된 지 15일 만에 지역 청년 40여 명을 규합해 청년회를 만들었다는 것은 평소에 청년, 지역사회, 그리고 민족 문제에 대해 고민과 꿈을 가졌던 것이 아닌가 짐작된다. 주옥로는 그날 일기에 "해방과 계몽, 연극 공연을 위해서"라고 썼다. 개홍청년회는 1950년 한국전쟁을 만나면서 사라졌다. 여기서 잠깐 연극 이야기를 하고 넘어가자. 개홍청년회는 결성 한 달 후인 10월 1일, '천사의 경고'라는 제목의 주민 공연을 했으나 연극의 내용은 알려지지 않고 있다. 당시 연극은 통속적인 줄거리지만 작품 속에는 대중의 심리가 반영되어 있으므로 사회적, 역사적 상황과 밀접한 관계를 맺고 있다.

일제 강점기부터 전국에 확산된 신파극은 홍동에서도 1960년대 중반까지 마을마다 공연됐다. 연극은 주로 달 밝은 추석날 밤에 동네 사람들이 거의 모인 가운데 공연됐다. 등장인물은 모두 동네 총각들이었다. 대개 바깥마당과 연결된 사랑채 마루가 달린 집이 공연장으로 사용됐다. 산에서 소나무를 베어다 기둥으로 받치고 문짝을 올려놓아 마루를 넓혀 무대로 사용하고 마당이 객석이다. 금평리 김애마을의 경우는 마을 중앙 다홍산 중턱에 별도로 무대를 만들어 공연했는데, 당일 낮부터 고성능 스피커를 틀어 놓고 다른 마을까지 선전 방송을 내보냈다. 추석이 다가오면 면내 길거리에는 각 마을 연극 선전 포스터들이 경쟁적으로 붙었다. 추석이 지나면 홍동면사무소 마당에 임시 무대를 만들어 마을 대항 연극 경연 대회를 열기도 했다. 1960년대 홍동면 연극 경연 대회에서는 구정리와 신기리 사람들이 주로 우승을 겨루었다. 연극 대본은 어디서 빌려오거나 주민들이 모여 공동으로 만들었다. 여름부터 시작해 두 달 가량 밤마다 모여 연습했다. 이런 과정에서 가난하고 고달픈 농촌 생활의 애환이 여과되고, 시국에 대한 정보가 교환되며 마을공동체는 견고하게 다져졌다. 주옥로의 개홍청년회가 조국 해방 공간의 어수선한 시대에 당시 널리 퍼져 있는 연극 형식을 빌려 주민 계몽 활동을 한 것이다.

　주옥로의 연극은 훨씬 뒤 풀무학교를 설립한 후에도 시도된 적이 있다. 1964년 9월 11일, 풀무학교 교사회는 대외 연극을 공연하기로 결정했다. 홍동초등학교 운동장을 빌려 밤에 연극을 하는데 홍순명 교사가 대본을 쓰고, 채규철 교사가 연출하며, 주호정 교사는 무대 준비, 총 책임 및 외교는 주옥로와 최성봉 교사가 담당하는 등 모든 교사들이 한 가지씩 역할을 분담했다. 그러나 무슨 이유 때문인지 이 계획은 실천으로 이어지지 못하고 교내 학생 종합 발표회에서 학생들의 한 프로그램으로 대신했다. 9월 25일 밤, 학교 뒷산 계곡에 무대를 만들어 연극 '성삼문'을 공연하는 것으로 대체했다. 홍순명 교사가 대본을 쓴 '성삼문'은 어린 단종을 죽이고 정권을 찬탈한 수양대군에 맞서 항의하다 처형당하는 홍성 출신 성삼문의 지조를 극화한 정치 사극이었다. 고등부 1회, 2회 학생 15명 정도가 출연했으며 면민 1천여 명이 찾아와 관람했다. 주옥로는 이날 일기에서 "연극에 대해 뒤에 나타난 민중의 반응을 보면 내용이 어려워 이해를 못했다는 사람이 다수다. 부족한 준비 등 좋은 경험을 토대로 다음해부터는 대중 교육을 위하여 대중 중심으로 맞춰 점차적으로 상승시키기로 했다."고 기록하고 있다. 연극 형식을 빌려 민중 교육을 계속 하려고 생각한 것이다.

평안북도 정주군 오산에서 청년회를 결성하고 소비조합을 만들어 지역 운동을 폈던 이찬갑과 충남 홍성군 홍동에서 청년회를 결성해 해방 정국의 계몽 운동을 했던 주옥로가 홍동에 학교를 세웠다. 이들은 1960년 4월 학생혁명으로 민주화된 새 세상이 다가오자, 다시 지역사회로 눈을 돌렸다. 4월 혁명이 일어난 지 보름 남짓 지난 5월 8일, 홍동청년회를 결성한 것이다. 주옥로는 그날 일기에서 "이찬갑 선생 염원에 따라 학원과 지역사회 교육을 위하여"라고 썼다. 홍동청년회는 그 후 홍동 면내 마을을 순례하며 주민 계몽 강연을 했다. 7월 10일에는 수란, 신기, 신촌, 백동, 월림리 등 주로 풀무학교와 멀리 떨어진 홍동면 변두리 마을을 찾아다니며 강연회를 했다.

그러나 역사는 쉽게 발전되지 않는 법. 4월 혁명으로 독재 정권이 무너져 대통령과 장관이 바뀌고 통치 방법이 달라져도 아래 관료들의 생각은 변한 게 없었다. 관료들은 여전히 국민 위에 군림했고, 한국전쟁으로 벌어진 이웃 간 살육의 상처는 정치 체제 변화와 무관하게, 흐르는 세월과 무관하게 각 분야에 점점 더 깊이 파고들어갔다.

이찬갑과 주옥로의 홍동청년회 결성과 활동에도 시비가 걸렸다. 주옥로가 해방 직후 결성했던 개홍청년회 회원 중 2명이 한국전쟁 중 인민 통치 기간에 좌익 운동을 했다는 혐의로 희생됐다. 당시 부역 혐의를 받고 있던 사람이 회원에 가입했다는 이유로 홍동청년회를 용공 단체로 본 경찰이 압력을 가했다. 한국전쟁은 우리나라 대부분 지역과 마찬가지로 홍성과 홍동 지역에서도 북한에서 내려온 인민군보다 평소 같이 살던 이웃 간 살육이 더 심해 한 맺힌 역사를 만들었다. 좌익이나 우익이나 희생된 사람들은 당시 지식인들로, 지역과 사회, 국가 문제에 남다른 생각을 갖고 있는 지도자들이었다. 해방되기 전부터 한국전쟁이 일어나기 전까지 사회주의나 자본주의 사상을 가졌던 인물들은 각자 그 이념에 대한 철학이 있었고 조국 광복과 함께 새로운 세상에 대한 꿈을 갖고 있었다. 그러나 한국전쟁의 혼란 가운데 희생된 사람들 중에는 이데올로기에 대한 신념도 없이 심지어 내용도 모르고 엉겁결에 휩쓸려 사라진 사람들이 대부분을 차지한 것으로 전해진다.

이찬갑과 주옥로는 경찰의 압력에 굴하지 않았다. 오히려 홍동 지서장에게 호통을 쳤다. 홍동청년회에서 주옥로, 이찬갑과 함께 활동했던 홍동면 구정리 주입로(2015년 94세로 작고)는 당시 홍동지서의 압력과 관련 필자에게 다음과 같이 증언했다.

"운월리에 몹쓸 사람이 하나 있었는데 홍동 지서장한테 가서 풀무학교는 제2의 6.25를 발생시킬 만한 교육을 한다고 말했다는 거야. 그 말을 들은 지서장이 다음날 찾아와 학교 문 닫으라는 거야. 주옥로 선생이 며칠 동안 고민을 했지. 같은 마을인 팔괘리 2년 선배 이동복 면장실로 찾아가 지서장을 불러 따졌어. 나도 이찬갑 선생과 함께 따라갔지. 주옥로 선생이 호통을 치더라고. 학교가 변소간이냐? 맘대로 문 닫으라니. 풀무학교 교육에 문제가 있다고 말한 사람이 누군가 대라고 했어. 주옥로 선생과 지서장이 그 사람을 찾아가 확인했는데 잘못 말했다고 사과하더래. 그런데 나는 주옥로 선생이 그때 무서운 사람인 걸 처음 봤어. 당시 홍동 지서장은 부임한 지 두 달밖에 안 됐는데 지서장이 새로 부임했으면 우선 관내 사정과 내용부터 살펴야 하는 거 아닌가? 따지더라고. 당시 지서장이면 지금 대통령보다 더 힘이 셌다고. 그런데 말야, 같이 간 이찬갑 선생은 어땠는지 아나? 아무 말 없이 계속 지켜만 보고 있는 거야. 이찬갑 선생이 누군가? 북한 정권이 두려워하던 조만식 선생 같은 이들과 함께 일하던 분 아닌가? 이찬갑 선생한테 시골 지서장이 상대감이나 되겠나? 일이 잘 안 풀리면 한바탕 나설 생각이었겠지. 이찬갑 선생이 지켜보는 든든한 배경을 믿고 주옥로 선생은 마음껏 호통칠 수 있었던 거라고."

2014년 필자 인터뷰

주옥로는 1960년 8월 22일 일기에 이 일에 대해 다음과 같이 기록했다. "김 지서 주임과 사리를 밝혀 이동복 면장 입회하에 담판하다. 그는 분명히 잘못을 사과했다. 그리고 그간의 실언을 시정토록 약속하다." 그러나 그것으로 끝난 게 아니었다. 이찬갑과 주옥로가 홍동청년회를 결성한 지 1년, 이찬갑이 쓰러져 식물인간이 된 지 6개월 후인 1961년 6월, 홍성경찰서 정보과에서 홍동청년회에 가담했던 회원 수십 명을 차례로 불러들였다. 당시 청년회 실무를 맡았던 주호정 풀무학교 교사가 먼저 다녀왔다. 얼굴이 새파랗게 질려서 돌아온 그는 주변의 질문에 "경찰서에 불려가 본 사람 아니면 이해를 못한다."는 말 외에 그 뒤 입을 다물었다.

주옥로에게 면박을 당한 홍동 지서장이 홍동을 떠나면서 주옥로와 이찬갑을 용공 인물, 요시찰 인물로 기록해 놓고 간 것으로 전해졌다. 그 후 주옥로는 정보과 사찰 대상이 돼 항상 근황 정보가 올라갔으며, 외국에서 초청을 받아도 신원 조회에 걸려 나갈 수가 없었다. 홍동의 진보적인 지식인 주옥로는 조국 해방과 한국전쟁의 혼란과 위험 속에서 좌우 어느 쪽으로부터도 피해를 입지 않았다. 일부로부터 '용공주의자'라는 평가를 받았지만, 그런 말 하는 사람들 자체가 지역에서 비난받는 사람들이어서 영향을 미치지 못했다. 주옥로는 기독교를 전도하는 목사 신분이었으며 일상생활 혹은 이데올로기 문제로 진로를 고심하고 있는 사람들에게 조언을 아끼지 않는 홍동의 지도자가 되어 누구한테도 원한을 사지 않았기 때문이라고 구정리 주입로 씨는 전했다.

한편 주옥로 동생의 증언에 의하면, 주옥로도 좌익 운동을 한 친구들로부터 동참을 요청받았으나 지병인 골수염이 심해 응하지 못한 것이 뒤에 화를 당하지 않았다고 한다. 그렇게 주옥로는 안전하게 지역사의 소용돌이 현장을 모두 목격하고 평생 일기를 쓰며 증언함으로써 소중한 지적 자산을 남겼다.

주옥로가 풀무학교 외에 홍동에 끼친 영향 중 괄목할만한 성과는 풀무신용협동조합의 설립과 운영이었다. 주옥로는 1969년 풀무신용협동조합을 창립, 17년 동안 이사장을 맡아 농민 금고로 육성시키며 홍동을 협동조합 지역으로 만드는 데 기여했다. 그의 풀무신용협동조합 창립과 활동에 대해서는 2장에서 살펴볼 것이다.

이상과 현실의 갈등

풀무학교는 1958년 주옥로의 텃밭에 초가집 한 채를 짓고 시작했다. 홍동면 팔괘리 667번지 539평 대지에 15평 초가집을 지었다. 옛 방앗간을 헐어오고 전 홍동초등학교 교장 이덕준이 제공한 소나무를 베어다 지어 흙바닥에 천장에는 대들보가 보였다. 다음해에는 주옥로 소유인 팔괘리 664번지 732평 밭을 운동장으로 만들었다. 학교 운영은 쉬운 일이 아니었다. 개교 후 며칠이 지난 어느 날 밤, 이찬갑과 주옥로가 잠을 못 이루며 대화를 나눈 기록이 남아 있다.

이찬갑의 제안부터 나온다.

"내 집안 사정이 생각보다 어렵습니다. 안사람이 동대문 시장에서 장사를 해 어렵게 살림을 꾸리며 아이들을 가르치고 있는 형편입니다. 그래서 저는 학교를 설립하는데 경제적인 도움을 드릴 수가 없습니다. 교사로서 교육이나 충실히 하겠습니다. 이런 실정이니 집에다 생활비나 용돈 달라고 손 벌릴 수도 없는 형편입니다. 학교 형편에 따라 그때그때 생활비를 주면 그 정도에 맞추어 살아가겠습니다. 그리고 날 보고 아예 교장 운운하지 말기 바랍니다. 정말 우리 학교는 무두무미(無頭無尾)로 합시다."

주옥로가 대답했다.

"내가 생각하는 전공이나 사명은 농촌에서 독립 전도한다는 신념에 변함이 없습니다. 그래서 만 3년 동안만 설립자로서 할 수 있는 모든 뒷바라지를 하고 교육도 옆에서 도와줄 터이니, 그 뒤에는 교육을 이 선생께서 전담하고 인간 교육의 이상을 실현해 주시기 바랍니다. 그래야만 교육의 이상도 살고 복음의 진리도 뿌리내릴 것으로 믿습니다. 학비는 이곳 글방과 같이 보리 때 보리 한 가마니, 벼 때 벼 한 가마니를 받아 운영비에 쓰고 밥은 우리 집에서 같이 먹읍시다."

『농민 교육자 주옥로』

여기서 이찬갑의 "날 보고 교장 운운하지 말기 바란다. 무두무미로 하자."는 말과 주옥로의 "3년 동안만 뒷바라지를 하고 그 뒤에는 이 선생께서 전담하고 인간 교육 이상을 실현하기를"이라는 말에 주목할 필요가 있다. 주옥로는 학생들에게도 "이찬갑 선생이 3년 만에 쓰러져 할 수 없이 내가 맡게 됐다. 나는 하나님에 이끌리어 풀무학교 교육을 맡게 된 것이다. 우리 학교의 설립자는 하나님이고 교장은 예수님이다."라는 말을 수없이 반복했다. 두 사람이 자신을 내세우지 않고 하나님의 뜻에 따르는 종일 뿐이라는 고백은 오산학교를 세운 이승훈이나 《성서조선》 주필 김교신 다 일맥상통하는 점이다.

앞에서 설명한 남강 이승훈은 자신의 동상 제막식에서 순서에도 없는데 주변의 만류를 뿌리치고 연단에 올라가 "내가 오늘까지 온 것에서 내가 한 것은 조금도 없습니다. 모두 신이 나를 그렇게 만들었습니다."라고 말했다. 1927년, 일본에서 공부한 유학생 6명이 동인지로 창간한 《성서조선》은 1930년 5월부터 김교신이 주필, 교정, 인쇄, 발송 등 일체를 혼자 맡게 됐다. 《성서조선》 발행을 전담하면서 김교신은 조선 무교회의 중심인물로 떠올랐다. 그러나 김교신은 이에 대해 "이 짐을 피하려고 애썼으나 하나님에게 붙잡혀 맡게 되었다."고 말했다. 이승훈과 김교신, 이찬갑, 주옥로의 이 같은 말은 단순한 겸양의 말이 아닌 신앙 고백이었다. 공적 과업에 성과를 올린 사람이 자신이 한 일이라고 내세울 경우 그 순간부터 그에 대한 평가는 달라진다. 이찬갑과 주옥로가 자신들이 하는 일이 아니라, 하나님에 이끌리어 학교를 설립하고 운영했을 뿐이라고 밝힌 고백 자체가 제자들에게 큰 울림을 주는 교육이었다.

그러나 이찬갑은 개교 3년 만에 쓰러져 영영 돌아오지 못하게 됐다.

학교 운영의 짐을 혼자 맡은 주옥로에게는 결코 녹록치 않은 어려움이 뒤따랐다. 당시 학생들로부터 학비로 받은 보리 한 가마는 3천환, 벼 한 가마는 7천환이었으며 교사에게 지급되는 한 달 생활비가 5천환이었다. 주옥로의 일기에 따르면, 개교하던 1958년 12월 8일 학교 빚이 벼 10섬 값 7만환이며 연 이자가 10퍼센트였다. 1959년 11월 16일에는 홍성장에 돼지새끼 11마리를 2천환씩, 닭 900환씩 9마리 합계 3만환을 받고 팔아 부채를 갚고도 운월리 주만종의 부채 1만환이 남았다고 기록돼 있다.

주옥로가 혼자 힘들게 운영하던 학교는 1977년 법인을 만들면서 대전환을 가져온다. '학교법인 풀무학원'으로 승격시키면서 공동으로 운영하는 학교가 된 것이다.

홍순명은 1977년 초, 네델란드 I.C.C.O(Interchurch Organisation for Development Cooperation)에서 지원금 1,200만 원을 받아왔다. 학교는 이 돈으로 초가집을 헐어내고 철근 콘크리트 1층 129평 건물을 지었다. 서울 일심의원 최태사는 도봉구 미아2동 삼양시장 앞 철근 슬라브 4층 267평 건물을 법인 재산으로 편입시켰다. 이덕준의 논 일곱 마지기, 그리고 주옥로와 홍순명의 논과 밭 일부도 학교 재산으로 넣었다. 서울 정의여자고등학교 윤기안 이사장은 본관 2층을 증축해 주고, 거창고등학교에서는 젖소 2마리를 기증하는 등 여러 사람들의 노력으로 학교법인 풀무학원이 당국으로부터 인가받았다.

1978년, 홍순명은 I.C.C.O로부터 2차 지원금 1억 1천여만 원을 추가로 받아왔다. 학교는 이 돈으로 학교 앞 토지와 가옥을 매입해 운동장과 실습 포장을 확장하고, 운월리 갓골 부동산 약 2만 평을 사들여 수익용 재산을 확충했다. 법인을 만들기 위해 학교 임시 재산으로 편입시켰던 주옥로, 이덕준, 홍순명의 토지는 돌려주었으나, 서울 삼양동 4층 건물은 반환하지 않고 실제로 기증됐다. 이 건물은 최태사를 중심으로 이북에서 월남한 신앙인들의 모임인 서울 '일심회'가 마련한 재산이다. 개교 당시 개인 명의로 된 풀무학교는 재산이 필요 없었다. 해방과 한국전쟁 중에 배움의 기회를 잃은 사람들에게 지방 유지 또는 독지가들이 구제적 성격의 교육 기관으로 출발한 고등공민학교는 교실 한 칸만 있으면 됐지, 당국의 특별한 설립 조건이 붙지 않았었다. 이찬갑은 물론이고 주옥로에게도 많은 재산이 없었다. 재산이 아니라 학교 운영비가 필요했다.

그러나 학교법인은 달랐다. 관련 법규는 두 종류의 재산을 요구했다. 하나는 교실과 운동장, 실험 실습 기구 등 교육용 재산이고 다른 하나는 교직원 봉급 등 학교 운영에 필요한 경비를 조달하는 수익용 재산이다. 이덕준, 주옥로, 홍순명의 전답은 수익용 재산으로 넣었으나 수입액이 적어, 있으나 마나 한 재산으로 본인에게 돌려주었다. 그러나 매월 임대료가 나오는 서울 일심회 재산은 학교법인을 설립, 운영하는 데 없어서는 안 되는 수익용 재산이었다. 1977년 법인 초대 이사장은 자연스럽게 이 같은 재산을 기증한 일심회 최태사 회장이 맡았다. 그러나 실제 현장에서 학교를 운영하는 사람은 주옥로였다. 일심회 건물만으로 학교 운영비가 다 조달되는 것은 아니었다. 학교는 여전히 어려웠다.

1981년, 주옥로가 2대 이사장에 취임하자 정규 고등학교 승격을 준비했다. 정규 고등학교로 승격되면 운영 문제는 해결된다. 우리나라 사립학교는 운영비 중 부족액 전부를 당국에서 지원해 주기 때문에 국공립학교와 다를 게 없다. 주옥로 이사장은 두 차례에 걸쳐 정규학교 인가 신청서를 충남도 교육위원회에 제출했으나 반려됐다. 법적으로 실업고등학교에 필요한 시설을 다 갖추지 못했기 때문이다. 예를 들면 2만 평방미터 이상의 운동장과 실습포장, 트랙터, 트럭 등 값비싼 농기계와 실험 실습 시설을 갖춰야 농업고등학교로 인가된다. 주옥로는 1982년 9월 18일 이사회에서 "현 시점에서 농업고등학교 인가는 불가능하다. 실험 실습 시설이 없어도 되는 인문고등학교로의 전환이 불가피하다."고 역설해 의결을 받아냈다.

　그리고 10월, '농업'자가 빠진 인문학교 '풀무고등학교' 인가 신청서를 충남도 교육위원회에 접수했다. 그러나 이 역시 반려되고 말았다. 인문계 풀무고등학교 인가 반려 원인은 크게 두 가지였다. 학교는 적정 규모의 운동장이 있어야 한다. 학교 앞 논을 운동장으로 만들어 사용하겠다는 계획서를 제출했으나, 학교에서 사용하고 있는 이 토지는 하천 부지로 등기상 소유권이 홍성군청에 있었다. 학교에서는 인가 신청을 위해 뒷산 언덕을 매입해 깊은 골짜기를 메우고 별도 운동장을 만들었다. 이 운동장은 현재까지 사용되고 있다. 더 큰 문제는 학급 규모였다. 풀무고등학교 인가 신청은 학급당 40명 씩 2개 학급, 3학년까지 전교생 6학급 240명을 모집하겠다는 계획을 세웠다. 교육당국은 이에 대해 입학 자원이 없다는 점을 지적했다. 홍성군내 모든 중학교 3

학년 졸업생 수가 모든 고등학교 1학년 입학생 수 보다 부족하다는 통계치를 내놓았다. 그래서 새로운 학교 설립의 필요가 없다는 것이다. 학년 당 80명씩 수업료를 받는 것만으로는 학교 운영비가 부족하다는 것도 큰 지적이었다. 하나의 학교를 운영하려면 최소 학년 당 4학급, 전체 12학급은 돼야 당국의 지원 없이 자립이 가능하다는 것이다. 따라서 풀무고등학교 인가는 곧 교육 예산 지출 증가와 연결되기 때문에 안된다는 것이었다.

풀무학교의 정규 학교 인가 문제는 교육당국의 불허보다 더 근원적인 문제를 안고 있었다. 행정 절차나 재산, 규모, 시설은 부족해도 뒤에 얼마든지 보완이 가능하고 정치력을 동원하면 인가를 받을 수 있는 문제였다. 정규 고등학교로 바꾸려는 주옥로의 교육 방향에 대한 끊임없는 내부 비판이 더 큰 걸림돌이었다. 정규 학교 인가를 반대하는 의견이 주류를 이루는 이사회는 주옥로를 이사장으로 선출한 지 6개월 만에 해임하고 다시 최태사를 이사장으로 교체했다. 일부 교사진과 졸업생들도 정규 학교 승격에 대해 찬성파와 반대파로 갈리었다. 반대자들은 정규 학교가 될 경우 당국의 지시대로 운영해야 되기 때문에 학교의 특성을 살릴 수 없어 설립 목적이나 이상 실현이 불가능하다고 믿었다. 설립자들은 처음부터 "간판 교육보다 실력 교육"을 주장하며 "간판이 있다면 졸업생이 간판이다"라고 강조해왔다.

풀무학교는 작은 학교를 지향한다. 학생 수가 적어야 한 사람 한 사람을 대화로 지도하는 등 인격 교육이 가능하다는 것이다. 풀무학교는 한 해 입학생을 27명씩 선발한다. 1994년과 1995년 2년간은 입학생을

40명씩 뽑아 2개 반으로 나누었다. 그러나 인원이 많아 도저히 감당할 수 없다는 자체 판단으로 1996년부터 27명으로 다시 환원했다. 학년당 80명씩 전교생 240명이라는 정규 고등학교는 상상도 할 수 없다는 게 교사들의 생각이었다. 간판 위주, 입시 위주, 소수 상층부를 위한 한국 교육의 근본적인 문제점에 절망한 외부 사람들이 풀무학교마저 그렇게 될 것이라고 우려했다.

법인 이사장은 서울에 있는 최태사가 맡았으나 현장에서 학교를 운영하는 사람은 역시 주옥로였다. 풀무학교에 지원하는 입학생 수는 해마다 줄었다. 주옥로가 이사장이 되던 1981년 입학생 수는 19명, 1982년에는 15명, 1983년에는 7명까지 줄어들었다.

이 무렵 풀무학교 역사상 가장 아픈 사건이 일어났다. 1985년, 다시 이사장에 취임한 주옥로가 세 번째 정규 학교 승격을 추진했다. 이번에는 강력한 도전장을 던졌다. 주옥로는 1987년 6월 18일, 학교법인 풀무학원 이사회 해산을 선언하고, 기업가 겸 정치 로비스트로 알려진 김 사장에게 학교 운영의 전권을 넘기기로 했다. 이사진은 물론 교사, 재학생, 졸업생들까지 강력한 반발이 뒤따르는 거센 폭풍이 몰아쳤다.

그러나 주옥로의 이 계획은 예상치 못한 데서 좌절되고 말았다. 김 사장이 풀무학교를 인수하기 며칠 전인 1987년 9월 22일, 회사 공금 횡령 혐의로 검찰에 구속돼 연일 텔레비전 화면을 장식했다. 홍성군 서부면에서 태어난 김 사장은 1972년 25세의 젊은 나이에 서울 답십리에서 상호신용금고를 차리고 마장동 도축 상인들과 동대문 시장 일대 상인들을 상대로 금고업을 시작했다. 32세 때 4개의 회사를 운영하며 업계 3위까지 오를 정도로 급성장했다. 그러자 그는 정치적 꿈을 꾸었다. 우선 고향 홍성에서 체육장학회를 만들고, 430여 명의 학생들에게 정기적으로 장학금을 지급하며 모교에 도서관을 건립하는 등 고향에 많은 일을 했다. 1978년 제10대 국회의원 선거에 홍성-예산-청양 지역구 출마를 결심했다. 그러나 사전 선거 운동 혐의를 받아 등록도 못하고 말았다. 김 사장은 1985년 제12대 국회의원 선거에 다시 출마를 결심한다. 그러나 금고 임원이었던 가족 한 사람이 부도난 어음을 받은 공영토건에 사채를 제공한 뒤 문제가 발생하자 호주로 달아난 후 경영 압박을 받아왔다. 김 사장은 서석재 전 총무처장관에게 4천억 원의 차명 계좌 개설을 얘기한 것으로 알려지는 등 많은 정치인들과 친분을 나눠 정치 로비스트로 불렸다.

이런 와중에 주옥로가 풀무학교 운영을 김 사장에게 넘기기로 한 것이다. 주옥로는 김 사장이 기독교 신자인 데다 고향에서 장학회를 만들고 모교 도서관을 짓는 등의 실적으로 보아 위기에 처한 풀무학교 재정 문제를 해결할 수 있는 사람으로 본 것이다. 그런데 김 사장이 신용금고 자금 1백 60억 원 가량을 부동산 매입으로 사용한 혐의로 특정경제범죄가중처벌법상 저촉을 받아 구속된 것이다. 주옥로는 김 사장에게 학교 운영권을 넘기려던 계획이 수포로 돌아가자 혼란을 일으킨 데 대한 책임을 지고 학교에서 손을 뗐다. 그리고 1991년 5월 25일 공식적인 퇴임식을 했다.

그는 퇴임사에서 "오늘 이 자리가 내 인생의 창업식(졸업식)이라고 믿는다. 오늘을 시발점으로 새 출발하고자 한다. 내 여생은 이제 지역사회를 위하여 바치고자 한다."고 말했다. 주옥로는 그 후 조양문화재보호위원회를 만들어 10년 동안 홍성의 지역사 발굴과 전통문화 계승 발전을 위해 일하다 2001년 7월 13일 타계했다.

1949년 교육법이 제정되면서 법적 근거가 마련된 고등공민학교와 고등기술학교는 경제적 여건 등으로 중학교 및 고등학교에 진학하지 못한 사람을 위해 개설하는 학교였다. 해방과 한국전쟁으로 배움의 기회를 잃은 사람이 많던 1950년대에는 그 수가 폭발적으로 늘어나 561개 학교까지 올라갔다. 수많은 고등공민학교와 고등기술학교들은 60년이 지난 현재 거의 정규 학교로 승격되거나 문을 닫았다. 정규 학교도 안 되고, 문도 닫지 않은 채 처음 그대로 살아남은 학교는 풀무학교뿐이다.

풀무학교가 고등기술학교 이름을 고집하며 당국의 간섭에서 비교적 자유롭게 건학 이념을 살리는 교육을 60년 동안 지속하고 있는 것은 놀라운 일이다. 필자는 그 원인을 이상과 현실의 오랜 논쟁에서 이상이 현실을 지배할 수 있었기 때문이라고 생각한다. 그러나 현실과의 문제 제기와 피나는 노력이 없었더라면 이상은 공상으로 끝났을 수도 있었다고 생각한다. 만약 풀무학교에 어느 한쪽 논리만 지배했더라면 대한민국의 잘못된 교육 현실을 뒤따라가는 학교 하나 더 보태는 데 그치거나 아니면 문을 닫고 말았을 것이다. 홍동에 남아서 지역 일을 함께하는 제자들은 처음에 홍순명이 비현실적으로 제안하는 아이디어들이 어느새 그 제안을 반대하던 주옥로의 것이 되어 더 적극적으로 추진되는 사례들을 흥미롭게 지켜볼 수 있었다. 60년이 지난 현재 풀무학교와 홍동 지역사회에 가장 우려스러운 점은, 이상과 현실의 지속적인 논쟁과 상호 보완 관계가 상실될까 하는 점이다.

주옥로는 홍동면 팔괘리 풀무골에서 태어나 텃밭에 풀무학교를 세우고 거기서 일생을 보냈다. 그는 남이 가지 않는 길을 갈 때마다 "누군가 해야 할 일이기 때문에"라고 말했다. 풀무학교 교육과 풀무신협, 지역사회 문제 등에서 간단없는 논란이 계속되는 가운데서도 그의 관심이 일관하는 것은 기독교 신앙의 실제화 지향이면서 홍동이라는 무대를 떠날 수 없었다. 그래서 홍동에는 수많은 이찬갑과 함께 수많은 주옥로가 오늘도 바쁘게 움직이고 있다.

이찬갑

자본주의의 양극화와 끝없는 경쟁 사회에서
보통 사람들이 힘을 모아
자신들의 문제를 스스로 해결하고 개척하는
협동 사회로의 지향은
밑으로부터의 경제, 사회, 정치, 문화적 개혁이다.

주옥로

그 개혁의 밑바탕은 신앙과 교육이라는
인간 내면의 개혁으로부터 출발한다.
풀무 사람들은 그 무대를 농촌으로 정했다.

최태사

풀무학교 제3의 설립자

최태사는 풀무학교 설립 초기부터 학교 운영의 기둥이었다. 풀무학교는 1977년 최태사의 일심의원 건물을 기증받아 학교법인으로 승격시켰다. 서울시 도봉구 미아2동 762-21번지 대지 101평에 지하 1층, 지상 4층 267평 건물로 일심회 재산이었다. 최태사는 1977년 11월 11일 학교법인 풀무학원 초대 이사장으로 취임해 7년간 재임했다. 일심회 회원 중 여러 명이 풀무학교 이사로 참여했으며 그중 오영환은 이사장을 맡기도 했다. 최태사와 오영환은 이사장 임기가 끝난 후에도 평생동안 평 이사로 활동했다. 최태사는 일심회 건물 기증과 별도로 풀무학교 설립 초기부터 일심의원에서 나오는 수입의 상당 부분을 풀무학교에 보냈다.

일생동안 겸손하고 자신을 내세우지 않은 최태사에 대한 정보는 별로 없다. 1986년에 주위 사람들이 희수 기념 문집으로 『나의 소원은 평화』라는 제목의 책을 펴낸 게 전부다. 그러나 이 책에도 그의 연보가 없다. 책을 낼 때 그는 "내가 살아 있는 동안 나에 대한 책은 내지 마라. 아니 낼만한 것도 못되니 아예 생각을 마라."고 했다. 가까운 동지 백연욱, 오영환이 최태사가 풀무학교에서 학생들에게 한 말을 받아 기록한 글을 모아 책으로 펴냈을 뿐이다. 오산학교 출신 백연옥이 이 책에 단편적으로나마 쓴 글과 여러 조각 자료들을 모아 보면 다음과 같이 정리된다.

최태사는 1906년에 평안북도 정주에서 태어나 1989년 83세로 서울에서 사망했다. 그는 12살 때 이찬갑이 사는 오산 마을로 이사와 오산초등학교와 중학교에 다녔다. 2년 선배인 이찬갑이 조직한 오산학우회에 가입해 이찬갑 회장과 함께 활동했다. 그가 풀무학교에 재산을 출연하고 수입의 거의 전부를 학교에 보낸 이유는 오로지 이찬갑에 대한 인연과 존경 때문이다. 최태사의 재산 출연과 재정 지원은 이찬갑 없이 생각할 수 없는 일이었다.

최태사는 오산학교를 졸업한 후 오산학교의 부속 병원인 오산의원에서 5년 동안 약제사로 일했다. 오산의원을 그만둔 후 약종상 면허 시험에 합격해 1936년부터 고읍(古邑. 오산학교 인근 작은 도시)에 태사약방을 차렸다. 그의 실력과 겸손하고 친절한 태도로 많은 사람이 몰려와 약방이 잘 됐다고 한다. 조국 해방 2년 후인 1947년 남쪽으로 내려와 1958년 의사 국가고시에 합격, 면허를 따 경기도 여주에 의원을 개설했다. 1966년 서울 미아동으로 이사, 일심의원을 차려 운영했다.

최태사는 풀무학교 설립 초기부터 해마다 학교에 찾아가 학생들에게 정기 진료 봉사를 했다. 매년 4월 23일 개교기념일이면 찾아가 축사를 하며 학생들을 만났다. 서울 삼양시장 앞 일심의원은 풀무학교에 기증하기 전부터 풀무학교 졸업생들의 임시 거주지 및 교류 장소로 제공되기도 했다. 일심의원은 증축하기 전 20여 평의 작은 재래식 가옥이었다. 이중 방 한 칸과 거실은 홍동에서 서울 소재 대학에 입학하거나 취업하는 졸업생들이 처음 머무르는 곳으로 사용했다. 서울에 연고가 없는 졸업생들에게 중요한 장소였다. '풀무인 만남의 장소'가 돼 1978년에는 총동창회 사무실로 사용하며 월간 동창회 잡지《풀무》발행처 주소였다.

정주 오산학교에서 남강 이승훈의 영향을 받고 함석헌, 이찬갑 등과 교류하며 성장한 최태사는 무교회주의 기독교 신자다. 남한에 내려와서도 함석헌, 김교신, 송두용, 노평구, 주옥로, 유희세, 이진구 등 무교회의 모든 사람들과 신앙적 교제를 긴밀히 갖고 평생 살았다.

그러나 그는 무교회 집회나 교회에 나가지 않았다. 북쪽에서 내려온 신앙 동지들을 중심으로 '일심회'를 만들어 한 달에 두 번 모여 예배를 드렸다. 그들의 예배는 일정한 장소가 없이 일심의원, 회원 집, 산이나 들로 다니며 모였고 인도자도 없이 서로 배우고 영향을 주었다. 그 외 일요일에 최태사는 가난한 이웃과 고아원, 양로원 등을 찾아가 무료 진료 봉사를 했다.

그는 기독교 진리를 몸으로 실천하는 신앙인이었다. 졸업생 노승무는『나의 소원은 평화』에서 "최태사의 예배는 신이 위탁한 각자의 사업을 충실하게 수행하는 일이 가장 진실한 예배라고 여기며 하루 삶을 예배의 연속이라고 봤다. 그는 우리나라 기독교, 무교회의 본질을 삶으로 표현했다."고 썼다.

최태사의 글 모음 『나의 소원은 평화』에 함석헌이 권두문을 썼다. 최태사를 이해하는 데 도움이 되는 글이라 옮겨 본다.

"나는 개인적으로 최태사 님을 생명의 은인이라고 생각하고 있다. 내가 일생을 거기서 늙을 줄로 알았던 모교를 나와서, 차마 오산을 떠날 수 없어 두 해를 머물러 있다가, 종래 주위의 사정이 허락되지 않아 평양 시외에 남이 하다가 내버리는 덴마크식 국민고등학교를 맡아 가지고 가려할 때에, 값이라고 할 수 없이 많은 돈을 내와, 내 살던 집과 학생 기숙사를 맡아주어 내 길을 열어준 것도 그요, 해방 후 모든 일이 뜻과 같이 되지 않아, 공산당에게 지주로 숙청을 당해, 나와 내 가족이 갈 길이 막막해졌을 때, 모든 계획과 비용을 스스로 담당해 나로 하여금 죽음의 3.8선을 무사히 넘게 한 것도 그요, 60년대에 들어 내 잘못으로 소위 육십년 모래 위에 쌓았던 탑이 하루아침에 무너져 "십자가도 소용없고, 나무아비타불도 다 빈말"이라고 슬픔에 빠졌을 때, 남이 다 돌아서도, 변함없이 나를 찾아와 눈물로 위로해 일어설 수가 있게 한 것도 그이기 때문이다.

그렇지만 그가 한 가장 의미 있는 일은 역시 일심회의 조직이다. 일심(一心)이라는 그 말부터가 좋다. 나는 그것을 보면서 언제나 오산경가(伍山景歌)의 한 절을 생각한다.

악이어든 무엇이나 무너뜨리고
선이어든 어디서나 일으키면서
바람 부는 들에서나 물결에서나
우리들은 언제든지 오산이로다

아직은 악이 판을 치지만 이 세상을 건질 것은 오직 그 한마음(一心)밖에 없을 것이다."

한편 1983년에 발행한 이찬갑 추억 문집 『산 믿음의 새 생활』은 최태사가 머리말을 썼다. 끝 부분을 옮기면 다음과 같다.

"가만히 눈 감으면 선생(이찬갑)께서 세상의 되어가는 꼴을 보고 때로는 분노하고 때로는 탄식하던 모습이 눈앞에 방불하다. 선생이 생존하셨을 때에 비해 더 어려워진 오늘의 세태를 본다면 얼마나 분개하실까. 그런데도 우리들은 별로 세상을 탓하지 않고 안일하게 그날그날을 살아가고 있으니 참으로 부끄러운 노릇이다. 세상이 어지러운 게 문제가 아니라 잘못을 지적하는 사람이 없는 것이 더 큰 문제다. 이럴 때 선생님이 계셨으면 얼마나 좋을까."

최태사는 재산도 책도 아무것도 남기지 않고 희생과 봉사, 인자한 모습과 언제나 평화를 사랑하는 생애 자체를 유산으로 남겼다.

홍순명

1960년 10월 20일 아침, 풀무학교 전교생이 모인 훈화 시간에 이찬갑이 젊은 교사 한 사람을 대동하고 학생들 앞에 나와 소개했다.

"여러분, 새로 오신 홍순명 선생님입니다."

당시 학생들은 이찬갑 선생이 기뻐 어쩔 줄 모르던 모습을 두 번 볼 수 있었다. 한 번은 먼저 장에서 기술한 대로 4.19혁명 현장을 서울에서 목격하고 내려와 전하던 날이었고, 두 번째는 홍순명 교사를 소개하던 시간이었다. 이찬갑은 서울에서 홍순명을 처음 만나 기차를 타고 내려오며 나눈 대화에서 불꽃이 튀었다는 소감과 함께 홍순명을 소개했다.

홍순명은 1936년 강원도 횡성에서 농사를 지으며 서당 훈장을 하던 집안에서 태어났다. 중학교 시절부터 김교신, 노평구, 함석헌 같은 무교회 기독교 사상가들의 책을 읽고 영향을 받았다. 한국전쟁 통에 중학교 2학년으로 학업을 중단하고 독학으로 초중고등학교 교사 시험에 합격해 20세에 고향에서 교사 생활을 했다. 춘천농고 교사로 있던 중 군에 입대했으나 제대 후 복직하지 않고 풀무학교로 왔다. 그동안 학교의 권위주의적이고 비교육적인 관행에 실망을 느끼고 있던 중에 풀무학교 개교 소식을 들었기 때문이다.

홍순명이 풀무학교 교사로 부임한 때는 23세 청년이었다. 이찬갑은 자신이 시작해 지도하던 교내 소비조합 업무를 새로 부임한 홍순명 교사에게 인계했다. 이찬갑은 그날부터 정확히 두 달 후에 쓰러졌다. 홍순명이 풀무학교에서 이찬갑과 함께 근무한 시간은 불과 60일밖에 안 된다. 그러나 홍순명은 이찬갑이 평안북도 오산에서 추진하다 뜻을 이루지 못한 이상촌 건설 운동을 이어받아 홍동에 실현하기 위해 평생을 바치고 있다. 풀무학교에서 이찬갑은 제정신, 농촌, 민중, 실력이란 단어를 많이 사용하며 우리말과 역사의 중요성을 거듭 강조하는 민족주의자였다. 주옥로는 성서의 진리 위에 학원, 교회와 무교회, 생활 속의 신앙 등을 강조하는 기독교 신앙 전도자였다. 그들의 입에서 지역사회 이야기는 나오지 않았다. 마을과 학교가 하나로 되는 지역공동체를 만든다는 지역사회학교 구상은 홍순명이 정리한 것이다.

이찬갑과 주옥로는 지역 주민의 협력으로 풀무학교를 세우지 않았다. 1958년 3월 22일 학교 설립 발기인회 임원 10명이 모였으나, 가을까지 연기하자는 주장이 대세를 이뤘다. 그러자 주옥로가 단독 설립을 선언하고 돌아오던 길에 목공소에 들러 60인분 책상을 맞추고 교사용 빈집 건물을 뜯어오기로 했다. 주옥로는 이날 일기에서 발기인회에 대해 "허울 좋은 미명의 구성체"라고 혹평했다. 주민들로부터 외면당한

즉시 서울로 올라가 이찬갑, 노평구, 송두용과 만나 협의한 끝에 학교를 세웠다. 이찬갑도 개교하던 날 인사말에서 "홍동의 유력자 여러분이 중심이 되어 추진한다던 기성회가 깨졌다는 소식이었습니다. 퍽 실례가 될지 모르겠습니다만, 이 말을 기쁜 새 소식인 양 들었습니다. 그래야 진정 새로운 일이 있을 것 같았습니다."라고 말했다. 주민들과 함께 학교를 설립하려다 깨진 것이 차라리 잘 됐다는 것이다.

여기서 몇 가지를 눈 여겨 보고 싶다. 그해 1월 31일 이찬갑과 주옥로가 학교 설립에 합의한 지 3개월도 안 된 때, 기성회를 해산시키고 단독 설립을 선언한 지 한 달 만에, 교실을 짓고 학생을 모집해 입학식을 하며 개교했다. 참여자들의 이견을 좁히고 기금 마련을 위해 수차례 모여 준비 끝에 하나의 학교가 세워질 법 한데, 3번 모이고 협력이 안된다고 결렬을 선언하며 혼자 추진한 것이다. 물적 기반이 전혀 없는 가운데 하나의 학교를 세우는데 왜 이렇게 고속 질주했을까? 적지 않은 설립 기금을 마련하기 위해 망설이고 좀 더 시간을 갖고 준비하자는 지역민들의 의견이 그렇게 문제였나 하는 등의 의문이 생긴다.

많은 세월이 흐른 뒤, 필자는 주옥로에게 "지역 주민들 의견을 들어 한해 쯤 더 준비한 후 주민들과 공동으로 학교를 세울 수는 없었는가, 그렇게 했더라면 실제로 지역사회학교가 되지 않았을까."하는 질문을 했다. 이에 대해 주옥로는 "교육은 민주주의와 다르다. 소신과 철학이 필요하다."고 한 마디로 일축했다.

풀무학교는 처음부터 지역 주민들의 요구에 의해 주민과 함께 준비해 설립한 지역학교가 아니었다. 3월 1일자 주민들에게 보낸 발기문의 내용은 다음과 같다.

"세계의 소망, 인류의 구주, 그리스도를 믿음으로만 사는 생명과 진리를 근본정신으로 세계의 공민된 자질과 농촌의 수호자가 될 만한 식견과 기능을 습득하여 독립 자활할 수 있는 일꾼다운 인격과 실력을 길러 낸다는 것은 무엇에도 견줄 수 없는 긴중한 일이며 경국의 백년대계, 그리고 민족 만대의 불멸의 기초가 될 것이라는 신념으로, 정식 중학교에 진학하지 못하는 농민의 불우한 자녀들에게 배움의 길을 열어주고자 교육령에 의거한 풀무고등공민학교를 창립하고자 기성회를 발기하오니 (중략) 찬조가 있으시기를 바라면서 발의하는 바입니다."

주옥로 회갑 문집 『진리와 교육』

발기문에 드러난 학교 설립 동기와 목표는 크게 두 가지다. 첫째는 기독교 신앙을 전도하는 학교다. 그러나 홍동 주민들이 원하는 학교는 기독교를 전도하는 학교는 아니었다. 학교 설립의 두 번째 목표는 중학교에 진학할 수 없는 불우한 농촌 청소년들에게 배움의 길을 열어주려는 것이었다. 실제 당시 풀무학교에 입학하는 사람들은 공부는 하고 싶으나 가정 형편이 어려워 읍내 중학교에 갈 수 없는 사람들이었다. 집에서 농사일을 돕거나 남의 집 머슴 살다 오는 학생들도 있었다. 풀무학교 학생들은 운동장을 넓히기 위해 지게를 지고 학교 가면서 홍성중학교 친구들과 부딪치지 않으려고 피해 다녔다. 사람들은 '똥통 학교'라고 불렀다. 학생들에게 기독교, 이상, 지역사회 같은 말들은 관심이 없었고 알아듣지도 못했다. 초창기 수업 과목에는 성서가 없었다.

풀무학교를 지역사회학교로 정리해 낸 이는 홍순명이었다. 홍순명이 보는 이찬갑과 주옥로의 삶은 그 자체가 지역사회와 뗄 수 없는 관계 속에서 살았다. 그들은 지역사회 이야기를 따로 말로 할 필요가 없었다고 본 것이다. 홍순명은 이찬갑과 주옥로의 지역사회적 삶을 이론화 하고 교육과 접목시켜 학교가 지역이고 지역이 학교라는 지역교육공동체 논리를 체계화시켰다.

홍순명은 1963년 고등부를 설립하자마자 국어 국정 교과서를 사용하지 않고 자체적으로 국어 교과서부터 펴냈다. '교양 국어'라고 붙인 이 교과서는 '내 고장 홍성' 단원을 넣어 지역부터 가르쳤다. 홍순명은 풀무학교 교훈을 '위대한 평민'에서 '더불어 사는 평민'으로 바꿨다. 최근 일부에서 '위대한 평민'과 '더불어 사는 평민'을 놓고 불필요한 논란을 벌이기도 했다. 그러나 당시 '위대한'과 '평민'은 자체 모순을 갖고 있다는 의견들이 많았다. 뿐만 아니라 당시는 '진리의 공동 생산'이라는 구호도 강당 등에 붙여 놓았는데, 진리를 생산한다는 말이 맞지 않는다는 지적을 받았다. 그런 연유로 '위대한 평민'은 '더불어 사는 평민'으로, '진리의 공동 생산'은 '진리의 공동 추구'로 바꿨다. 주옥로 이사장을 비롯한 이사들의 동의가 뒷받침됐다. 당시 졸업생 월간회보 《풀무》 부제목도 '진리의 공동 생산'에서 '진리와 평화의 공동체 육성'으로 교체했다. 이 같은 말들은 국어 교사인 홍순명이 만들었다.

이밖에도 아침에 "밝았습니다", 저녁에 "고요합니다", 헤어질 때 "안녕히"라는 인사말, 남녀 구분 없이 선배에 대한 호칭을 '언니'로 통일시켰으며 교가 가사와 졸업식 노래인 '출발의 노래' 가사 만들기 등 풀무 언어 만들기는 모두 홍순명의 몫이었다. 설립 초기에 평범한 개인들을 하나하나 완성된 인격으로 만들기 위한 교육으로 출발한 풀무학교가 개인보다 이웃과, 지역과, 나라와, 사회와 함께 협력하며 사는 공생 능력을 갖춘 인간을 기르는 쪽으로 진화한 것이라고 해석된다. 홍순명의 지역교육공동체 사상의 표현이라고 생각된다.

홍동 지역공동체

1971년 8월 9일, 일본 연수를 마치고 귀국한 최성봉 교사 이야기를 듣기 위해 홍동에 살고 있는 풀무학교 졸업생 19명이 풀무학교 기숙사에 모였다. 홍동면내 각 분야에서 일하고 있는 졸업생들이 각자 돌아가며 자신이 하는 공적 과제에 대해 보고하는 자리였다. 학교에서는 소비조합, 도서조합, 드라크마회, 문집부 활동 내용을 보고하고 별도로 중·장기 계획을 발표했다. 당시 홍순명은 매주 각 분야 계획을 세우고 추진 내용을 보고서로 작성해 주옥로에게 제출하는 것이 중요한 일과 중 하나였다. 그날 홍순명이 작성해 발표한 보고 자료를 옮기면 다음과 같다.

소비조합
1. 기금 20만 원

2. 과제 : 1) 서울에서 염가로 물품 구입 면내에 도매

　　　　 2) 제빵부 운영 면내 식생활 개선

　　　　 3) 반트럭 국외서 구입

　　　　 4) 조합원 민주적으로 참여

　　　　 5) 방계조합(축산, 원예, 양계) 육성

도서조합

1. 기금 12만 원
2. 매월 200원 책 염가로 양서 보급
3. 2학기부터 1,000원씩 적립. 휴지 수집.
　 문고 발행 기금으로 5~6년 뒤 독특한 도서관 건립 계획
4. 월 한 권씩 책을 사 볼 것. 휴지 수집 협조.
　 조합 가입비 100원씩 기타 교지대 등

드라크마회

1. 현재 13만 매(헌 우표) 수집. 제주도 제외 전국서 호응
2. 우표 100만 매 모집. 200만 원 기금은 신용조합에 입금
3. 목적 : 1) 의료요양소 건립. 간질협회 극빈자 치료 의료조합 보조

　　　　 2) 교육 직업 훈련 면내 양재, 요리 등 학원 보조 장학금 대여

　　　　 3) 부업 알선. 극빈자 생계비 무이자 대여

문집부

1. 300부에 5,000원(지금 적자 중)

2. 연간 교지대 240원

3. 앞으로 공판 타자기 구입

월간 계획

1. 학교 현황 : 1) 학생 109명, 교사 9명.

                2) 계획: 최성봉 교사 귀국으로 화훼, 채종, 육묘, 포도, 양어 등 실과 강화. 기숙사 건축 및 (전교생) 합숙 생활, 고등부 5년제(민중 초급대학) 실시와 부속 농공업 시설 확장, 외국 교사(3개국)에 의한 어학 지도, 마을공업 육성, 졸업생 조합 운영, 지방의회 진출, 외국과 기술 교류, 지역사회 개조

풀무학교 개교 50주년 기념 문집 『다시 새날이 그리워』 1권

위 발표 내용을 보면 시골의 작은 일개 학교가 과연 할 수 있을 것인가 생각될 정도로 야심찬 구상들이다. 민중 초급대학, 마을공업 육성, 지방의회 진출, 외국과 기술 교류, 지역사회 개조라니!

이날 참석자들은 효과적인 사업 추진을 위해 매월 모이기로 했다. 이 계획 중 '드라크마회'에 대한 보충 설명이 필요할 것 같다. '드라크마'란 구약성서에 나오는 유대 민족의 화폐 단위로, 우표를 모아 판매해 기금을 조성해 교육장학기금, 지역 농민과 어린이 교육, 복지비 등에 사용하려고 운동을 벌이며 붙인 이름이다. 우표 100만 매 모으기를

목표로 1971년부터 시작해 1982년 6월 15일까지 11년 만에 달성했다. 이 운동은 처음에 헌 우표도 판매 값이 상당할 것으로 계산했으나, 실제로 새 우표만 매매 대상이 돼 큰 기금은 모으지 못했다. 그러나 운동 과정에서 모아진 풀무학교에 대한 뜨거운 마음들은 학교에 정신적, 물질적 자산이 되었다. 새 우표를 보내주는 사람도 많았고, 교육 기금을 현금으로 보내주는 사람도 나타났다. 당시 민동기 충청남도지사가 여러 해에 걸쳐 우표 3만 매를 모아 전달했고, 대전 체신청장 등 기관 단체장들의 호응도 컸다. 한국일보는 지속적인 보도와 함께 독자부 직원들이 직접 운동에 참여했다. 11년 동안 국내외에서 2,161명이 우표를 보내주었는데 호주 김영옥 간호원, 일본 독립학원 고등학교 학생들, 미국 백악관 근처 뉴애비뉴 장로교회 등은 외국에서 앞장선 사람들이다. 오랜 기간 모은 새 우표 4권의 파일을 무명으로 송달 받은 풀무학교에서 수소문해 본 결과, 서울 남대문중학교 한진택 학생임을 알고 감격하기도 했다.

홍순명의 더불어 사는 지역공동체 꿈의 구체적 실천은 1970년대 말 갓골마을에서 시작된다.

1978년 네델란드에 본부를 둔 I.C.C.O(Interchurch Organisation for Development Cooperation)가 홍동에 지원금을 보냈다. I.C.C.O는 빈곤한 공동체에 친환경적인 주거 환경을 제공하는 비영리 단체로, 기독교에 뿌리를 두고 종파를 넘어 다양한 교회들이 협동하는 국제 민간 기구다. 네덜란드 정부와 유럽연합의 자금을 제공받는 I.C.C.O는 아프리카, 중동, 아시아, 태평양 연안, 남아메리카, 동유럽 등 개발도상국가들에서 사회봉사, 정당한 경제 발전, 민주화와 평화 건설 등을 위해 일하는 기구다. I.C.C.O는 한국에서 처음 부산 장기려의 천막 복음병원과 전영창의 경남 거창고등학교를 지원했다. 장기려와 전영창은 I.C.C.O에 풀무학교 지원을 주선했다.

홍순명은 이 과정에서 전영창 거창고등학교 교장에 대한 마음의 부담을 지울 수 없다고 말했다. 전영창은 풀무학교에 대한 I.C.C.O 지원금 신청 서류를 준비하던 중 1976년 5월 19일 악화된 담석증으로 부산 동산병원 응급실에 실려 갔다. 최고 혈압이 60은 넘어야 수술하는데 그게 안돼 수술이 불가능했다. 수술만 하면 90퍼센트 치료 가능했던 담석증이 패혈증으로 바뀐 것이다. 병원에서는 일주일 전부터 수술을 권했다. 그러나 전영창 교장은 I.C.C.O에 보내는 풀무학교 사업 계획서가 더 급하다며 계획서를 작성하다가 시기를 놓쳐 병이 악화돼 결국 사망하게 된다.

I.C.C.O는 지원 대상과 방법을 결정할 때 수혜국 사람을 참여시켜 수혜자의 필요를 먼저 생각하고 기준을 만들어 적용한다. I.C.C.O는 홍순명을 네덜란드 본부 회의에 초청했다. 1979년 9월 7일부터 일주일 동안 네덜란드 유트레이트에서 열린 I.C.C.O 국제회의는 클라우스 네덜란드 황태자를 비롯해 쿠닝 개발 장관, 교회 대표 그리고 아시아와 유럽 대표 등 34명이 참석한 가운데 인권 문제, 지원 기준과 대상, 우선순위 등에 대한 열띤 토론 후 결정했다. 뉴델리대학교 파키스 교수 등 3명이 참석한 아시아 분과 회의에서는 한국의 홍순명이 의장으로 주도했다. 이날 회의 후 홍동에 당시 한국 돈으로 1억 2천만 원이 지원됐

다. 이를 위해 8월 25일 출국한 홍순명은 회의 후 11월 26일까지 2개월 반 동안 유럽과 아시아 13개 나라 연구 기관과 농촌 공동 활동 지역을 방문했다. 홍순명은 두 번에 걸친 네덜란드 출장 과정에서 유럽 각 학교 교육과 지역사회 관계 기관들을 둘러보며 시야를 넓혔으며, 스위스 페스탈로치 등에 심취해 교육 철학이 깊어졌다.

I.C.C.O에서 두 차례에 걸쳐 온 지원금은 풀무학교 앞 민간 토지 3천여 평과 가옥을 사들여 비닐하우스 밭과 논으로 확장하고 지역교육관을 건립하는 데 쓰였다. 운월리 창정 갓골마을에 토지 1만 7,080평을 사들였고, 이렇게 조성된 갓골에 양어장을 만들어 고기를 넣고 우사를 지어 젖소 10마리를 넣었으며, 양돈장을 지어 돼지를 사육하며 농기계 수리센터를 지어 트랙터를 비롯한 값비싼 농기구들을 구입했다. 졸업생 주정배가 목장 책임자로 주형로와 함께 일했고, 최석범은 농기구협동조합 실무자로 일했다. 이때 조성된 갓골마을에는 오늘날 풀무학교 전공부, 풀무학교생협, 갓골어린이집, 홍동밝맑도서관을 비롯해 마을공동체 시설들이 들어서는 터전이 됐다.

북서풍이 세게 몰아치는 황량한 골짜기, 상여집 한 채만 지키던 갓골에 이 같은 공공기관 뿐만 아니라 풀무학교와 갓골어린이집 교직원, 귀농인 등 10여 가정이 터를 마련, 집을 짓고 이주해 오면서 떠오르는 공동체 마을이 됐다.

홍순명은 1979년 3월《풀무》지에 '갓골 공동마을'이란 주제의 글을 다음과 같이 올렸다.

갓골 공동마을

예배는 우리 생활의 힘과 수단을 그의 뜻 성취를 위해 쓰는 것이다(힐티). 하나님의 뜻은 평화와 진리다. 그러므로 우리는 전쟁과 비리적(非理的) 조직사회를 반대한다. 그 원인인 대규모 산업 방식과 중앙 집권을 반대한다. 지방자치와 산업의 분산을 옹호한다. 연대와 노동에 입각한 평민 문화를 옹호한다.

출발점은 언제나 개인 제력(諸力)의 조화적 발전과 인간성의 변화를 촉매하는 교육과 종교에 있다. 그리고 혁신의 원형은 일상의 활동적 상황에서 구체적으로 학습되어지는 것이다.

광천 가는 길을 가다가 갓골을 바라보며 문득 스쳐가는 생각이 있었다. 은수원사시나무 심긴 산 위의 순환도로를 걸으면 달빛 아래 누운 갓골의 논, 밭, 개간지, 과수원은 창세 이후 어느 순간을 기다리는 소녀의 그윽한 꿈으로 화하였다.

정의와 인도적 세계 건설에 참여하는 화란 형제들의 손길과 학원 20년의 준비와 역량이 모아져 그 순간은 다가오고 그 생각은 구체화되었다. 낙농 초지 조성을 주축으로 다각적 영농을 위해 2만평 가까운 땅에 흙은 뒤엎어지고 길이 뚫렸다. 지하수가 솟고 잔디가 심겼다.

이로써 다음 세대를 맡을 학생들은 실습의 차원을 높이게 되었다. 처음 입주하는 세 가정의 생산과 소비의 공동화로 공해와 소비의 경제사회 구조의 먹구름 속에 우애와 자유의 햇살은 공동마을의 양지에 비친다. 종돈의 보급, 육종, 농기계이용조합, 목공예, 풀무지의 지역적 비중 확대 등 지역사회의 고락을 실생활로 나누는 시도들이다. 또한 공동마을은 농촌의 역사적, 사회적 시련을 참고 견디며 협동과 정보, 기술의 축적으로 스스로 변형하는 농촌의 한 보루가 될 것이다.

앞으로 식당, 숙소, 영사, 회의실, 강의실, 방송, 신문, 출판부, 도서 자료실, 탁아소, 정구장이 있는 농촌 문화의 산실이 될 문화센터와 조합 경영의 낙농 공장이 들어서서 자립하는 갓골, 지역사회의 중심 기능을 갖는 갓골이 되었으면 한다. 또 갓골의 희망적 결과를 통해 홍동면 내에 3~4개소 자발적으로 이런 건강한 공동마을이 형성되고 풀무에 해당 학과를 두어 가정과 학교와 사회는 유기적 일치를 이뤄야 하리라. 우리는 이런 공동마을이 낮음에 처하는 정신의 구현과 농촌과 사회발전의 소망스런 방향으로 믿는다. 갓골의 갓은 정사(正邪)가 분명하고 이지와 정감을 구유한 교양인이며, 물질적 자제가 가능했던 청교도적, 한국의 전통적 인간상인 선비의 의관이 아닌가? 왕선생 눈이 빛나고 최천심(天心)이 웃고 주정뱅이 설치고 돌순오빠가 힘내는데 번대콩도 뛴다. 신판 갓 쓴 선비들의 도깨비굿을 한바탕 기대하리로다.

이 글에서 왕선생은 주옥로를 말하고, 최천심은 최성봉, 주정뱅이는 주정배, 돌순오빠는 주형로 그리고 번대콩은 이번영의 별명이다.

갓골마을공동체는 2000년대 전공부가 들어서며 외부에서 뜻을 갖고 홍동으로 온 지식 실천가들로 활력이 붙었다. 자고 나면 새로운 공동체가 하나씩 생기고 더러는 사라지며 실험적 대안 사회가 끊임없이 펼쳐지고 있다. 그 중심에는 80세가 넘은 홍순명이 있다. 20대 초반에 홍동에 들어와 2018년 현재까지 58년 동안의 생애를 바치며 새로운 아이디어를 쉬지 않고 생산해 내는 진행형 홍순명에 대한 연구는 뒤에 다른 사람의 몫으로 넘기고, 여기서는 그가 펴낸 책 하나를 살펴보기로 한다.

2006년 12월, 한국일보는 홍순명이 지은 『들풀들이 들려주는 위대한 백성 이야기』를 제47회 한국출판문화상 어린이 · 청소년 부문 수상작으로 선정했다. 1960년에 출범한 한국출판문화상은 한국전쟁 후 출판 불모의 땅에서 모든 지식인과 출판인들이 함께 일구고 키워온, 국내 최고의 전통과 권위를 자랑하는 출판 상이다. 홍순명은 이 책에서 홍길동전, 심청전, 춘향전, 흥부전, 선녀와 나무꾼, 해님 달님, 피리소년, 고루화, 두꺼비 등 우리나라에 예부터 내려오는 이야기들을 '현재와 미래 이야기'로 고쳐서 3권으로 나눠 썼다. 전래 이야기가 지닌 긍정적 의미(도덕적 가치관 등)는 살리되, 가족 이기주의나 비민주적 상하관계 등 부정적 의미는 줄여서 썼다. 새롭게 태어난 전래 이야기, 평민들 이야기다.

홍순명은 이 책에서 자신이 염원하는 이상 세계를 그리고 있다. 새 홍길동전에서 신분 차별이 없는 사회를 꿈꾸며 개혁을 시도한 홍길동은 아무것도 이루지 못한 채 고국을 등지고 떠난다. 개혁 과정에서 무수한 백성들만 희생당했을 뿐이다. 이런 결과를 책임져야 할 자는 누구인가 묻는다. 개혁 실패의 원인을 기존 질서의 완고함과 혁명적 방식의 내적 한계 등으로 설명한다. 새 홍길동전의 마지막 부분의 무대는 홍성이다. 이몽혁이 먼지를 날리며 홍주성을 공격해 홍정신 홍주목사와 조양문을 사이에 두고 대치하는 중, 홍길동이 나타나 홍주 동헌 마루에서 홍정신과 담판을 벌인다. 길동이 홍주 감옥에 수감되지만 감옥에 있는 누나 초란을 비롯해 갇힌 백성들과 함께 탈출에 성공한다. 홍길동은 전남 고흥으로 쫓겨가 팔영산이 보이는 고사마을 갯벌에서 갈대밭에 숨겨진 돛단배 두 대를 발견, 아홉 명과 함께 한려수도, 대마도를 지나 일본 규슈에 상륙한다. 거기서 젊은 무리들과 마음을 합하여 펼칠 꿈을 증명할 새 땅을 탐색하는 눈으로 바라보며 이야기는 끝난다.

　새 춘향전에서 성춘향과 헤어진 이몽룡은 과거를 보러 한양으로 가던 길에서 번민한다. 과거는 실생활과 거리가 먼 공리공론으로 백성에게는 필요 없다고 생각한다. 실제적인 것을 모르는 사람들이 아전에 둘러싸여 백성의 짐만 되게 마련이라는 것이다. 합격을 위해 남의 글 암기, 모방이나 하고 말재주만 부리는 시험은 고상한 인격 수양과 거리가 멀다고 판단한다. 정치가들이 패거리를 이루며 서로 자기편을 합격시켜 놓고 지연과 학연을 따라 나쁜 일도 끼리끼리 눈감아 주며 천하를 주름잡는다는 것이다. 몽룡은 과거를 보지 않고 전남 강진으로 내려가 초당에서 다산 정약용과 사귄다. 여러 달 지내다 남원으로 가서 옥에 갇힌 춘향을 면회하다 잡혀 옥에 갇힌다. 몽룡이 과거 보러 가다 우연히 만나 토론을 벌였던 젊은 친구가 암행어사가 돼 나타나 방면된다. 몽룡은 춘향과 함께 농촌으로, 백성 속으로 들어간다.

위 두 작품은 마지막 부분에서 주인공이 무리들과 마음을 합쳐 펼칠 새 땅을 탐색하거나 농촌, 백성 속으로 들어가는 것으로 마감한다. 새 흥부전에서는 더 적극적으로 홍순명의 꿈을 그린다.

새 흥부전에서 흥부가 사는 마을은 두아래 마을, 한자로는 이하촌(二下村). 하나님과 사람 둘 아래에 있다는 의미다. 흥부의 아내는 교유촌 출신이다. 교유촌은 천주교 때문에 박해받은 이들이 모여 사는 신앙공동체다. 흥부 부부는 교유촌을 통해 기독교를 알고 새 천지를 본다. 흥부 부부는 상한 다리를 싸매 준 제비가 물어다 준 호박씨를 심는다. 호박이 잘 자라 열매가 주렁주렁 열려 호박엿을 만들어 판매한다. 흥부네 호박엿이 유명한 브랜드가 돼 돈을 번다. 논과 밭을 사지만 마을 공동 재산으로 내놓는다. 마을 전체가 유기농업을 하고 바이오가스와 태양광발전으로 신 재생에너지를 사용한다. 호박엿협동조합을 시작으로 여러 종류의 협동조합이 만들어져 가공협동조합으로 발전시킨다. 서울에서 공부하고 돌아온 흥부의 아들 하나가 이웃 아이들을 가르친다. 동네 아이들 열댓 명으로 학교를 시작한다. 마을 방앗간을 뜯어다 작은 학교를 세운다. 두아래학교다. 소규모 학생을 모집해 각자 개성에 맞게 가르치며 입시 준비를 하지 않고 전인 교육을 한다. 두아래학교는 지역과 하나 되는 학교가 된다. 동네 신문을 만들고 생산자와 소비자가 만나는 열흘장이 선다. 저녁이면 마을회관에 인형 춤 등 문화 공연도 한다. 토지를 공동 소유로 하고 마을 돈을 사용해 순환과 공생의 체계가 잡힌 마을이 된다. 풀무학교 건립 정신과 교육 내용, 홍순명이 그리는 홍동 지역공동체 모습이 그대로 담겨 있다.

홍순명의 『들풀들이 들려주는 위대한 백성 이야기』 3권 11개 작품은 「홍동 마당극 고루화(和) 세상」으로 마친다.

홍동 마당극은 열두 마당으로 구성되어 있다. 한 마당에 100년씩 지나가는데 첫 마당은 1400년 전인 기원 660년, 백제가 망하고 임존성에서 부흥 운동을 하던 때부터 시작된다. 마당극의 핵심은 미륵 세상이다. 처음부터 마지막 장까지 미륵 세상 이야기가 나온다.

미륵이란 무엇인가? 범어(梵語)로 아일다(阿逸多) 곧 '사랑의 사람'이란 뜻이다. 그러면 미륵의 나라는 무엇인가?

"저 높이 일곱 번째 하늘에 미륵이 살고 있는데 거기서 전륜성왕(轉輪聖王)이 내려오시어 설법을 세 번 하면 땅 위 모든 백성이 감화를 받아 지상에 실현되는 용화세계(龍華世界)가 그것이다. 용화세계가 실현되면 모든 백성이 계율을 지켜 시세 안락하고, 만민 교류하고, 성읍 촌락이 문을 열고 살고, 기근이나 도난이 없고, 공경화순하며 복덕이 넘치는 세상"이 된다는 것이다.

백제 부흥 운동이 실패한 가운데서도 백성들은 미륵 세상이 오길 빈다. 1막 마지막에 두 명의 등장인물이 무릎을 꿇고 예불을 한다.

"미륵님이어, 앞으로 천 년 백성의 설움에 눈물을 흘려주소서. 천만 백성의 고통에 그들을 대신해 불같이 뜨거워지소서. 당신의 용화세상은 우리를 해치는 모든 중생까지 해원과 상생을 하는 세상, 산과 고개를 넘어 불길, 물길을 뚫고라도 우리 백성들 마음에서 그 꿈이 사라지지 않게 하소서."

마당극은 장터의 장수들, 두레꾼들, 의좋은 형제, 새우젓 장수, 동학군, 이농, 북한에서 온 아이, 소 등이 등장해 정치, 사회, 경제, 교육, 문화적 과제들에 대한 역사와 현재 홍성의 이야기가 나온다.

이 마당극은 홍순명의 교육이고 철학이며 이상 세계를 향한 염원이다.

2장

협동조합 마을

풀무소비자생활협동조합

해방 후 최초 협동조합 씨앗 뿌려

풀무학교 개교 다음 해인 1959년 9월 6일 이 학교에 소비조합 구판장이 하나 생겼다. 교실 두 칸이 전부인 초가집 건물 중 한 칸은 교실이고, 나머지 한 칸은 반씩 나눠 교무실과 구판장으로 사용했다. 구판장이란 생활용품을 공동으로 구입해서 싸게 파는 판매점이다. 풀무학교는 가난한 학교였다. 이 학교의 학생 1년 수업료는 여름에 보리 한 가마, 가을에 벼 한 가마가 전부였다. 교사들의 봉급은 용돈 수준에 지나지 않았다. 풀무학교가 위치한 홍성군 홍동면 팔괘리는 홍성읍에서 6킬로미터 정도 떨어진 시골이다. 버스도 안 다니고 사람들은 5일에 한 번씩 홍성장에 걸어가서 생활필수품을 사야했다. 홍동면사무소가 있는 운월리 송풍마을에 구멍가게가 두 개 있었지만 물건 값이 비쌌다. 가난한 풀무학교 학생과 교직원들은 학용품과 생필품을 싸게 사기 위해 출자금을 모아 소비조합을 시작했다. 물건은 홍성읍 또는 예산읍 도매상에서, 어떤 물건은 서울까지 올라가 도매 값으로 구입해서 약간의 운영비만 붙여 판매했다. 조합은 교사 이찬갑의 지도 아래 일은 학생들이 맡았다. 조합 일을 하던 2회 학생 최어성과 이기범은 홍성읍내로 소비조합에서 판매할 물건을 구하러 걸어갔다가 밤늦게 돌아오면 항상 교사 이찬갑이 학교 앞 냇가까지 나와 기다리다가 반가워 등을 두드려 주던 일을 지금까지 아련하게 기억하고 있다.

협동조합을 연구하는 김형미는 『한국 생활협동조합 운동의 기원과 전개』라는 책에서 이 소비조합을 한국에서 해방 후 최초의 협동조합 운동의 시작이었다며 다음과 같은 의미를 부여했다.

"한국에서 해방 이후 이루어진 협동조합 운동으로 최초는 홍성 풀무조합을 꼽을 수 있다. (…) 홍성 풀무조합이 1959년에 설립되고 그 이듬해인 1960년에 부산 메리놀병원에서 최초의 신협으로 이야기 되는 성가신용협동조합이 메리 가브리엘라 수녀에 의해 창립된다."

김형미는 이 책의 맺음말에서 다음과 같이 결론을 내린다.

"이 글에서는 식민지 시대에 남강 이승훈, 고당 조만식, 밝맑 이찬갑이 소비조합 운동 속에서 조선의 경제적 자립과 민중의 교육 훈련을 꿈꾸며 노력했음을 밝혔다. 이들은 덴마크가 프로이센과의 전쟁에서 패한 후 좌절에 빠진 민중을 깨우치기 위해 그룬트비의 백성대학과 협동조합을 통한 이상촌 건설을 오산학교와 용동촌에서 실현하고자 애썼으며, 그 이상은 이찬갑을 통해서 현재의 풀무학교, 풀무생협, 홍동면의 협동하는 마을 만들기로 계승되었다. (중략) 식민지 시대의 탄압과 해방 후 남북의 이데올로기 대립, 300만여 명의 목숨을 잃은 민족상잔의 전쟁이 이어졌던 우리 현대사에서 식민지 시대의 소비조합 운동의 이상을 현재까지 계승하고 있는 연속성은 무척 드문 일이며 기적이라고 할 정도로 놀라운 일이다."

김형미가 풀무학교 소비조합에 이 같은 의미를 부여한 것은 이찬갑이 평안북도 정주에서 벌인 협동조합 운동 연장선에서 추진한 것으로 보기 때문이다. 역사학자 백승종은 『그 나라의 역사와 말』에서 이찬갑의 협동조합 운동에 대해 더 자세하게 다뤘다. 그 부분을 간추리면 다음과 같다.

이찬갑은 24세가 되던 1928년 9월 친구 김봉국과 함께 일본에 건너가 1년 동안 도쿄 빈민가와 치바현 농촌을 돌아다녔다. 이때 일본 협동조합의 아버지로 불리는 가가와 도요히코를 만났으며 시즈오카현 소비조합을 방문했다. 이찬갑은 1929년 9월 고향에 돌아와 양계조합과 소비조합을 결성했다. 그리고 1931년 9월부터 1935년 3월까지 3년 반 동안 오산소비조합 전무이사를 맡아 실무를 관장했다.

오산소비조합은 오산의 일곱 마을에서 각각 조직된 동회를 묶어서 상위 조직으로 결성됐다. 조합원은 오산의 주민, 교사, 학생들이었다. 그들의 대표가 상임위원으로 조합 회의에 참여해 의견을 대변했다. 회의는 주민 생활에 관한 여러 가지 문제뿐만 아니라 정치, 사회적인 문제까지 논의되는 경향이 있었다.

해방 전 1920년대 초부터 1930년대 말까지 우리나라에는 약 300개의 협동조합(대부분 소비조합)이 있었다고 한다. 그러나 이 협동조합들은 1930년대 말부터 태평양전쟁에 총력을 기울인 일제의 민간 조직 탄압 과정에서 하나도 남김없이 사라졌다.

풀무학교 교실 반 칸에서 시작한 소비조합 구판장은 얼마 후 주옥로의 집 안마당과 학교 운동장 사이에 방 세 칸 크기 창고 건물을 고쳐 진열대를 만들어 물건을 올려놓고 판매했다. 처음에 문방구로 시작한 품목은 책, 빵, 비누 등 생필품으로 확대됐다. 뒤에는 낫 등 간단한 농기구까지 취급했다. 홍성축협 이사인 이덕준 전 홍동초등학교 교장의 협력을 받아 축협 사료를 판매하며 학교 뒷산 넘어 구정리 양돈 농가 사료를 대주기도 했다. 단순한 교내 구판장으로 시작한 후 정식 협동조합 모습을 갖춘 것은 10년 뒤였다. 1969년 3월 2일 풀무소비자협동조합이 정식으로 만들어졌다. 풀무학교 일지는 그해 6월 11일 학생들이 소비조합 기금 모금을 위해 마을에 나가 모내기를 해서 4,200원의 수입을 올린 것으로 기록했다.

풀무학교 안에서 운영하던 소비조합이 홍동 지역 주민 조합으로 나오는 데는 또 다시 10년이 걸렸다. 1980년 봄, 풀무학교 일요성서집회 부녀반은 농민들을 초청해 봄맞이 농민 강좌를 열었다. 임신부 및 육아 건강 관리, 식이요법, 자연식품 등을 주제로 한 강좌였는데, 3월 23일에는 서울여자대학 이동영 교수를 초청해 소비자협동조합에 대한 특별 강연을 들었다. 강연회는 좌담회로 이어졌다. 서울여대 도서관장으로 경영학을 강의하는 이동영 교수는 서울여대 학생소비조합을 지도하고 있었다. 소비자협동조합을 연구하는 그의 발언을 보면 당시 우리나라에 소비자협동조합이 없었으며 풀무소비조합이 처음이었음을 알 수 있다.

풀무학교 졸업생 잡지《풀무》제19호에 수록된 당시 좌담회 내용을 옮긴다.

이동영 교수와 소비조합 좌담회 (요약)

일시: 1980년 3월 23일 오후 1시부터 5시까지
장소: 풀무학교 강당

〔이동영〕 소비자가 왕이란 말은 상인들이 소비자를 속이고 장사하기 위해 날조한 거짓말이다. 소비자를 보호해야 한다. 소비자는 소비조합을 통해 단합해야 한다. 농업협동조합에서 나타난 문제점들을 보고 소비조합은 이래서는 안되겠다고 생각했다. 마을금고도 협동조합을 닮아가려고 했지만 양산하다 보니까 주체 못하고 문제가 되고 있다. 우리나라에서 협동조합으로 성공한 것은 신협 조직이다. 신협의 뿌리가 우리나라 협동조합의 모체가 되어 확산되리라 믿는다.
〔주병종〕 소비조합법은 되어 있는가?
〔이동영〕 우리나라 협동조합에 대한 입법은 농협과 신협만 되어 있다.

그러나 조직이 먼저 있고서의 문제다. 선 조직 후 입법이 바른 순서다. 영국 소비조합은 처음에 28명이 방 하나 빌려서 밤에만 조합원이 교대로 하며 사회적인 도전도 받고 했지만, 이념이 있으니까 백년이 안 되어 전 세계로 파고들었다. 도시 조합과 농촌 조합은 별개로 커야 한다. 독일 라이파이젠 신협은 농촌 형인데 다목적이다. 신협은 저축된 돈을 생산적인 일에 대부하고 구매 업무를 넓혀서 판매 업무로 발전해야 한다. 크게 시작하지 말고 있는 그대로 조용한 전진이 바람직하다.

[홍순명] 현재 우리나라에 소비조합을 모범적으로 운영하는 곳은?

[이동영] 인천과 경상도 어디선가 시작하다 실패했다. 좋다고 시작해 놓고 힘의 한계를 느끼고 말았다. 조합원을 반 강제로 출자시키는 직장 조합만 몇 곳 있다. 정신적인 협동이 가장 큰 문제다. 신협과 같이 해야 한다. 홍동은 여러 여건으로 봐서 가능할 것 같다.

[주병종] 홍동소비조합을 발족하고자 하는데 상대 기업이 주시하고 있고 유통 과정의 합리화가 어려운 문제일 것 같다.

[이동영] 그건 확실히 어려운 문제다. 상대 기업은 동조자로 참여시키도록 노력하고 자체 차량이 있으면 좋다.

[이번영] 소비조합법이 안돼 있기 때문에 생기는 문제점도 있을 것이라고 보는데.

[이동영] 협동조합은 헌법상 개념 규정으로 나와 있다. 지방자치단체로부터 행정적인 지원을 받을 수는 있다. 세금도 적당히 내고 보호를 요청하는 것을 주장하는 이도 있다.

[황연하] 우리가 비누를 만들어 나누어 쓰고자 하는데 그것도 법적 규

제를 받는가?

[이동영] 순순히 나누어 쓰는 것도 키우다 보면 이윤을 남기고 싶고 판로 개척하다 보면 상행위가 되어 규제 대상이 된다. 소비조합은 이용고 배당이 바람직하다.

[홍순명] 서울여대소비조합은 이용고 배당을 하는가?

[이동영] 서울여대는 이용고 배당 쿠폰을 준다. 학생들이 졸업할 때 생각지 않았던 이윤을 받고 고마워서 조합에 기부하고 가는 학생이 많다. 조합은 자립이 문제다. 그러나 처음에는 독지가의 숨은 도움이 있으면 좋다.

[정해광] 항간에서 벌이고 있는 소비자 보호 운동과 조합의 관계는?

[이동영] 직접적인 관계가 없다. 소비자 보호 운동은 하나의 캠페인이다.

이 좌담회가 끝난 후 부녀반 중심으로 지역 소비자협동조합 발기인회를 만들었다. 그로부터 2개월 후인 5월 20일, 풀무학교 강당에서 홍동면 주민 27명이 참석한 가운데 풀무소비자협동조합 창립총회가 열렸다. 창립총회는 정관을 통과시키고 홍순명 교장을 이사장으로 선출했다. 정관에서 출자금은 1구좌 당 5,000원으로 정했다. 부이사장은 임인영, 이사에는 주호창, 정규채, 주정배, 이은겸, 신관호, 주정자, 김경숙 그리고 감사에 최성봉, 주정하, 채승병을 선출했다. 12명의 임원은 홍순명 이사장을 비롯한 4명이 풀무학교 교사며 나머지 8명은 홍동 지역 주민이다. 남성이 9명, 여성은 3명이었다. 풀무소비자협동조합은 창립총회 후 1개월 반 준비를 거쳐 7월 1일 홍동면 운월리 송풍마을에 홍동양조장 별채 10평 크기 가게를 월세 2만 5,000원으로 얻어 문을 열었다. 개업일 현재 조합원은 31명, 출자금은 7만 원이었다.

이렇게 시작한 풀무소비자협동조합은 우리나라에서 지역 주민이 자발적으로 만든 소비자협동조합 1호라고 추정된다. 1984년 11월 13일자 《한국일보》는 1면 머리기사에 우리나라 협동조합 현황을 보도했다. 정부가 소비자협동조합을 적극 육성하기로 했다는 내용의 이 기사는 전국에 76개 소비자협동조합이 결성돼 있으나, 형식적인 조직만 있을 뿐이고 실제 조합 활동을 하고 있는 조합은 3개뿐이라는 실태 조사 결과를 내놓았다. 신문은 그 3개 조합이 어디인지를 밝히지 않았다. 이 실태 조사가 풀무소비자협동조합이 창립된 지 4년 후에 나온 것이기 때문에 풀무소비자협동조합이 가장 먼저 결성된 것으로 추정되며, 그렇지 않더라도 최소한 3개 조합 안에 들어가 있는 것은 확실시된다.

창립 3년 만에 경영 부실로 해산

풀무소비자협동조합(이하 풀무소협)은 창립 3년 만인 1983년 경영 부실로 해산하는 고통을 겪는다. 그해 2월 25일 열린 조합원 총회는 128만 6,290원의 순 손실이 보고되고 실무자가 사임했다. 조합원 89명, 자산 481만 9,580원을 기록하지만 수지 타산을 맞추지 못한 것이다. 비상 대책 위원회가 꾸려져 조합을 일단 해산하고 다시 시작하기로 의결했다.

풀무소협은 처음 2년 동안 20퍼센트가 넘는 출자와 이용고 배당을 줄 만큼 잘 운영됐다. 그러나 3년차에 접어들면서 위험 신호가 나타나기 시작했다. 다음과 같은 문제점이 실패 원인으로 분석됐다. 조합은 개인 출자금이 부족한 채 차입금에 의존하는 재무 구조로 출발했다. 1980년 7월 출발하면서 출자금은 7만 원 뿐인데 부채가 504만 원으로 전체 자산의 98.6퍼센트를 차지했다. 뒤에 출자금은 조금씩 늘었으나 부채가 너무 많았다. 차입금 내용은 풀무신협에서 200만 원, 홍동농협에서 84만 원을 차입하고, 풀무학교에서 200만 원, 풀무학교 미국인 교사 도미희로부터 84만원을 빌렸다. 풀무학교 200만 원은 네덜란드 지원금 중에서 돌려쓰기로 한 것이다. 그런데 학교에서 이 돈을 3년 만에 가져갔다. 홍순명 초대 이사장은 네덜란드 지원금의 원래 성격이 홍동 지역사회 개발 기금이므로 학교에 돌려줄 수 없다고 주장했다. 그러나 주옥로 풀무학교 교장은 교육이 먼저 정상화 돼야 지역사회 발전이 가능하다고 주장하며 당초 계약한 대로 상환을 요청해 관철시켰다. 물론 이자는 주지 않았지만 갑자기 큰 자금이 빠져나가 소비조합 운영에 결정적 타격을 받았다. 이 사건을 통해 관계자들은 협동조합이 외부 지원이나 부채에 의존하는 것은 기반이 될 수 없으며, 협동조합 정신에도 바람직하지 못하다는 교훈을 얻었다. 소비자협동조합을 처음 시작한 영국 로치데일조합은 28명이 개인당 1파운드씩 출자금을 장만하기 위해 조합 설립 후 1년을 기다리며 모았다가 가게 문을 연 것과 비교해 봤다. 부실한 가게 건물도 악조건이었다. 건물이 너무 낡고 협소해 시원하고 산뜻한 매장이 되지 못했다. 임원 및 조합원에 대한 교육도 부족했다. 조합원에 대하여 계속적인 교육과 홍보를 통해 협동정신을 고취시키고 참여도를 높여야 했으나 그렇게 하지 못했다. 영국 로치데일조합이 이익금의 2.5퍼센트를 교육비에 사용한다는 원칙을 본받지 못한 것이다.

한편 풀무소협이 생기자 홍동면에서 가장 큰 슈퍼마켓에서 면민들에게 안내장을 발송했다. 그 내용은 그동안 값이 비쌌다는 것을 인정하고 내리겠으며, '소비자 단골 카드'를 만들어 거래 실적에 따라 이용고를 배당하겠다는 것이었다. 풀무소협과 비슷한 방법으로 운영하겠다는 것이었다. 소협에서 판매하는 물건 값은 시중 가격과 같은 적정 가격으로 정한다. 소협이 만들어지면 대개의 경우 인근 가게에서 시중 가격 이하로 값을 내리는 경우가 많다. 그러나 라면, 설탕 등 눈에 보이는 품목만 내리고 뒤쪽에 전시돼 소비자가 잘 모르는 품목에서 더 비싸게 받아 보충한다. 조합 물건이 싸기 때문에 조합원이 찾는다면 전망이 어둡다. 조합원은 조합의 주인인데, 남의 가게가 싸다고 그쪽으로 가면 차라리 자기 조합 가게 문을 닫는 게 서로에게 좋다. 당시 홍동에는 소협, 신협, 도서조합 뿐만 아니라 농기구조합, 양축조합, 식품가공조합, 생산조합을 구상하고 있었다. 그런 가운데 풀무소협의 실패 경험은 다음 협동조합을 운영하는 데 소중한 교재가 됐다.

주민 45명 다시 창립, 마을 순회 판매

1983년 12월 9일, 지역 문제에 관심을 가진 인사 19명이 풀무학교에 모여 소비자협동조합 재 창립을 위한 발기인회를 열었다. 이날 모임은 주옥로 당시 풀무학교 교장 겸 풀무신협 이사장이 주선했다. 풀무소협에 빌려준 풀무학교 자금을 회수한 후 무너지는 것을 본 주옥로 교장이 재건에 대한 책임감을 가진 것 같았다. 발기인회는 주옥로를 대표로 선출했다. 12월 23일, 풀무신용협동조합 강당에서 주민 45명이 참석한 가운데 새 풀무소비자협동조합 창립총회를 열었다. 총회가 끝난 후에는 곽창렬 소비자협동조합 중앙회 사무총장 초청 강연을 들었다. 전국 소비자협동조합 중앙회는 그보다 2개월 전인 1983년 10월 13일 서울 명동성당 내 사도회관에서 창립총회를 열고 정홍권 서울시 구로동 구로신용협동조합 전 이사장을 소협 중앙회장으로 선출했던 것이다. 새 풀무소협은 정관과 사업 계획을 확정했는데 구 조합 조합원들을 전원 새 조합원으로 인정하고, 조합 자산은 시가로 계산해 인수했다. 조합 명칭과 조합원, 출자금을 모두 인계한 것이기 때문에 사실은 새로운 창립이라기보다 먼저 조합의 계승이었다. 새로 창립하는 형식을 갖춘 건 구 조합의 재고 자산과 임원 문제 때문이었다. 이렇게 새로 출발한 풀무소협은 금평리 농민 이원헌을 이사장으로 선출하는 등 지역 농민 위주 조합으로 더 다가갔다. 부이사장은 권태문, 이사는 주정하, 배성덕, 주정배, 정규채, 오영남, 한상운, 감사에 주호성, 신관호 등으로 새 진용을 갖추었다. 모두 홍동 지역 농민들이었다. 실패의 상처를 안고 새로 출발한 풀무소협은 2개월 만인 1984년 2월 20일 풀무신협에서 무료로 제공한 강당 약 25평에 판매장을 마련해 들어갔다. 그리고 분야별 전문 운영 위원회를 다음과 같이 구성했다.

재정 운영 위원회: 주옥로, 이원헌, 채승병, 노비봉, 주호정, 한원전, 이기모
교육 홍보 위원회: 홍순명, 신관호, 최석범, 권태욱
구입 판매 위원회: 주정배, 오영남, 주호창, 이승진, 김경애
생산 유통 위원회: 최성봉, 주정하, 이은겸, 주형로

2월 20일, 판매장을 새로 낸 풀무소협은 조합원이 93명으로 늘고 800여 종류의 상품을 진열했다. 당시 하루 평균 15만 원의 매출 실적을 올렸다. 《풀무》지 1984년 4월호는 풀무소협 새 출발 경과를 자세히 싣고 주요 판매 품목을 다음과 같이 광고하고 있다.

풀무소협 판매 주요 품목: 대천 김 양식장 직수입 김, 대천 영보연탄 직거래, 신한전열 공장 직거래 파티쿠커, 경운기 및 오토바이 엔진오일, 소금, 계란, 식품류 일절, 문구류 일절, 철물(삽, 호크, 쇠스랑, 낫, 쟁기, 보습, 못, 철사, 전선 등), 잡화 일절, 음료수 및 주류 일절, 의류(스타킹, 양말, 런닝, 반스), 과일류 (계 800종류)

풀무소협은 그 후 재정, 구입, 판매, 생산 유통, 교육 홍보 등 각 위원회 활동을 활발하게 펼치며 기반을 다져 나갔다. 1986년 4월부터는 홍동양조장 건물에 분점을 내고 농자재도 판매하며 홍농종묘 홍성 대리

점과 계약, 각종 씨앗을 시중 가격보다 싸게 판매했다. 확대된 공산품은 자재 및 합판, PVC 파이프류, 상하수도 부속품, 시멘트 등 건축 자재와 연탄 등이었다. 홍동면 운월리 농민 오헌영은 풀무소협에서 '원'표 낫을 사다 쓰는데 잘 베어지나 금세 이가 모두 빠져버렸다며 들고 왔다. 풀무소협에서는 수원시 공장에 공문을 보내 해명과 시정을 요구했다. 회사에서 즉각 소식이 왔다. 낫을 모두 교환해 주겠으며 제조 과정을 정밀 분석 후 원가를 더 들여 문제점을 보완하기로 했다고 통보해 왔다. 작은 시골 소비자들의 단합된 힘이 전국 농민들에게 더 좋은 물건을 만드는 혜택이 돌아가게 한 셈이다.

풀무소협은 1987년 6월 11일부터 생활물자 마을 순회 배달 판매를 시작했다. 사전에 주문을 받아 1톤 트럭에 생필품을 싣고 마을에 찾아가 미리 정해 놓은 집에서 조합원을 만나 전달했다. 요일별, 마을별 순회 코스를 정해놓고 매주 1회씩 방문하는데 현수막이 걸린 트럭이 마을에 도착하면 확성기로 안내 방송을 했다. 안내 방송은 음악 방송과 함께 소비자협동조합의 정신과 업무 내용에 대한 교육 기능까지 했다. 마을 배달 판매는 마을별 부녀자 중심의 자발적 모임 결성을 유도하기 위한 목적도 갖고 있었다. 방문 시 그 마을에서 생산되는 농산물을 수집해 서울로 올리는 직거래 판매를 시도했다. 각 마을당 1명씩 16명으로 농산물 유통 위원회를 설치했으며 주정배가 위원장을 맡았다.

도농 간 농산물 직거래 시작

풀무소협은 1980년 출발 당시 홍성읍 시장에서 멀리 떨어진 오지 마을 홍동의 물건 값이 비싸기 때문에 좋은 물건을 싸게 공동으로 구입하기 위해 만들었다. 그러나 도로가 포장되어 버스가 다니고 자동차가 늘며 전화가 가설되는 등 교통 통신의 발달로 홍성읍이 가까운 이웃이 됐다. 이제 농민이 대부분인 조합원들의 더 큰 숙제는 어떻게 하면 농산물을 제값 받고 팔 수 있는가 하는 것이었다.

풀무소협은 박문숙(1955~2014) 전 민주화운동기념사업회 사료관장과 손을 잡고 쌀 직거래부터 시작했다. 1990년부터 서울과 경기도 지역에서 처음으로 생활협동조합 운동을 편 박문숙이 조직한 서울과 경기도 성남시, 광명시 등 아파트를 중심으로 도시 소비자들에게 홍동 쌀을 공급했다. 일반미를 20킬로그램, 40킬로그램 단위로 포장해 홍성 장날인 매월 6일, 16일, 26일 한 달에 3회에 걸쳐 싣고 가 소비자 가정에 배달했다. 그런데 이 거래에 제동이 걸려 중단됐다. 성남시의 한 아파트 인근 양곡상회에서 무허가 양곡 매매업을 한다고 검찰에 고발한 것이다.

1984년 8월 20일에는 서울 신길동 대신시장 안에 있는 강남소비자협동조합 매장에 '홍성쌀'이 처음으로 진열, 상설 판매가 시작됐다. 그해 봄에 출범한 강남소비자협동조합은 최홍기가 이사장으로 약 200평 대형 매장을 갖추고 종사원 8명이 일하는 서울 시내에서 가장 큰 소협이었다. 풀무소협에서는 생산자에게 홍성 시장 양곡상회보다 80킬로그램 1가마당 1,000원씩 더 주고 구입해 40킬로그램, 20킬로그램, 8킬로그램들이 포장으로 나눠 강남소협에 공급했다. 당시 소비자협동조합 간 거래는 풀무소협과 강남조합이 국내에서 처음이었다. 이후 2년여 간 월 평균 80킬로그램들이 1,800여 가마씩 거래가 이뤄졌다.

1986년 5월 20일에는 서울시 영등포구 신길동에 양영주 등 농과대학 학생 3명이 '좋은 쌀집'이란 이름으로 쌀가게 문을 열고 홍동 풀무소협 쌀을 판매했다. 이 같은 내용들은 1984년 12월 3일자《농축수산유통정보》, 1984년 12월 6일자《한국일보》, 1986년 6월 11일자《한국일보》등에서 관심을 갖고 보도하면서 전국에 알려지고 소비 시장이 확대돼 나갔다.

1989년, 한국여성민우회생협(이하 민우회생협)과 거래가 시작되면서 풀무소협의 도시 소비자 직거래 운동이 더욱 조직적으로 구체화돼 갔다. 민우회생협은 1980년대 말 서울의 젊은 주부들이 1,300만 원을 출자금으로 모아 출발했다. 민우회생협은 출발과 동시에 홍성 풀무소협을 1차 생산 단지로 정하고 관계를 맺기 시작했다. 그들은 홍동 오리농업 입식 자금을 지원하고 농산물 저장고를 신축하는 데도 지원하는 등 구체적으로 협력했다. 민우회생협 이사장 박영숙은 뒤에 풀무소협 이사를 겸하며 양쪽의 업무 조정과 협력을 증진시켰다.

한편, 풀무신협 한 칸을 얻어 매장을 갖추고 운영하던 풀무소협은 1989년 홍동농협 앞에 1층 철근 콘크리트 슬라브 38평짜리 건물을 짓고 옮겼다. 이 건축은 네델란드 I.C.C.O에서 2,450만 원이 지원돼 가능했다.

유기농업 생산자조합으로 전환

환경농업의 가장 큰 애로 사항은 풀과의 전쟁이다. 농촌 인구 감소와 고령화로 일손이 부족한데 제초제를 사용하지 않는 환경농업은 쉬운 일이 아니다. 그러던 중 사람 대신 오리가 풀 문제를 해결하는 방법이 발견됐다. 1985년 어느 날 경상남도 창녕에서 일본 전국 오리농업인회 회장 후루노 다까오의 오리농법 강연회가 열렸다. 당시 《부산일보》 일본 동경 지국장이 자기 고향인 창녕에 후루노를 초청한 것이다. 이 소식을 들은 풀무학교 홍순명 교장과 최상업 교사가 강연회에 참석했다. 홍순명 교장은 이 자리에서 만난 후루노를 다음해인 1986년 홍동에 초청했다. 그 후 홍동 농민들과 후루노의 교류가 시작됐다.

오리농법은 어린 청둥오리를 논에 넣어 기르는 방법이다. 오리가 논에 돌아다니는 동안 흙탕물이 돼 햇볕이 차단되고 발가락 사이가 붙은 오리발에 의해 땅이 다져져 풀이 자라지 못한다. 오리는 벼 포기를 건드려 떨어지는 벌레를 잡아먹고 배설물이 거름이 되기 때문에 농약과 비료를 사용하지 않아도 되는 '일석사조'의 농사법이다. 사람이 해야 할 일을 오리가 하기 때문에 환경농업 면적을 크게 확산시킬 수 있는 방안이다.

1994년 홍동면 문당리 농민 주형로는 자신의 논 9,000평에 오리농법을 시작했다. 다음해에는 문당리 19농가가 3만 1,900평 단지를 조성하고 오리농업 작목반을 만들었다. 그 후 오리농업은 해마다 확산돼 홍동면 전체로, 홍성군 나아가 우리나라 전역으로 확산돼 나갔다. 홍동면은 2017년 말 현재 친환경농업 쌀 직불금 지급 면적이 85만 4,825평으로 면 전체 직불금 신청 면적 339만 4,958평의 25.18퍼센트를 차지한다.(홍동면 산업계 자료) 이는 같은 기간 홍성군 전체 친환경농업 쌀 직불금 신청 392헥타르의 72퍼센트를 차지한다. 홍성군 전체 친환경농업 비율은 4.07퍼센트다.

홍동이 우리나라 최초, 최대 유기농업 지역으로 부상하면서 풀무소협의 사업 내용과 역할이 바뀌었다. 유기 농산물 직거래 생산자협동조합으로 변해간 것이다. 1993년에는 '풀무소비자생활협동조합'으로 이름을 바꿨다. 줄여서 '풀무생협'이다.

여기서 잠시 '소비자생활협동조합'이란 이름을 살펴보자. '소비자생활협동조합'이란 세계에서 우리나라에만 있는 독특한 이름이다. 유럽에서는 보통 소비자협동조합이라는 의미의 consumer cooperative로 사용한다. 그런데 일본에서는 '소비자' 대신 '생활자'라는 말을 만들어 '생활협동조합'이라고 부르기 시작했다. 1945년 12월 동경서부생활협동조합연합회를 발기하는 그룹이 "소비만이 아니라 생활 전반에서 협동이 필요하다."고 판단한 것이다. 그래서 1951년 일본생협연합회가 창립돼 현재에 이르고 있다.

'소비자협동조합'이라는 이름을 쓰던 우리나라는 1980년대 중반 일본의 생활협동조합이라는 말을 받아들여 그 앞에 '소비자'를 추가해 '소비자생활협동조합'이란 긴 용어로 쓰기 시작했다. 1993년 2월 소비자협동조합 중앙회 6차 대의원 정기총회는 '소비자생활협동조합'으로 명칭 변경을 결의했다. 그 영향으로 우리나라 국회는 1998년 처음으로 법을 만들면서도 '소비자생활협동조합법'이란 이름으로 제도화시켰다.

풀무생협은 1996년 한살림, 1997년 생협수도권연합, 1998년 21세기생협연대와 차례로 물류 연합을 하면서 전국의 소비자 단체들과 연대, 환경 농산물 공급을 확대했다. 풀무생협은 이렇게 도시 소비자 단체들과 거래가 늘어나면서 1999년 공산품 판매를 완전히 중단하고, 유기 농산물 직거래 사업만 하기 시작했다. 2002년에는 운월리 송풍 마을 건물을 매각해 홍동면 금평리에 물류 센터를 짓고 옮겼다. 금평리 산 257번지 배밭 4,436평을 사들여 160평 크기의 쌀 저장 창고를 짓고 건조기와 사이로를 시설했다.

사실상 파산, 33년 뒤로 돌아가

2005년, 정부는 추곡 수매 제도를 폐지했다. 수확기인 가을에 쌀을 사들였다가 봄부터 서서히 시장에 풀어 농민을 돕고 가격을 조절하는 수매 제도 폐지는 농민 단체들의 거센 반발을 샀다. 이 같은 분위기 속에서 언론은 우리나라 농업의 살 길을 전망하는 프로그램들을 앞다퉈 편성했다. KBS1 텔레비전은 2005년 1월 29일과 30일 이틀에 걸쳐 저녁 8시 황금 시간대에 '21세기 농업의 미래'라는 특집 프로그램을 방영했다. WTO 체제 등장 후 10년 동안 몰락해 가는 농업을 살리기 위해서는 친환경 농업으로 대안을 찾아야 한다는 내용이었다. 정부의 수매 제도가 폐지되면서 지방자치단체마다 농업을 살리기 위해 경쟁력을 갖춘 브랜드를 찾고 있던 중, 친환경 농업으로 방향을 잡은 농촌 자치단체가 여기저기서 생겨났다. 정부는 2010년까지 친환경 농업의 비율을 10퍼센트까지 높인다는 목표로 정책 수립에 들어갔다. 각 지자체가 투자를 확대하면서 친환경 농산물 물동량은 1조 원이 넘어섰다. 물량이 많아진 친환경 농산물 유통은 전통적인 직거래가 축소되고 대형 유통업체 등 대기업 시장 구조로 커가는 추세로 변화됐다. 이 같은 환경 변화와 당국의 정책으로 2005년 친환경 농업 쌀 재배 면적과 생산량이 전국적으로 60퍼센트 이상 늘어났다.

풀무생협은 논 150만 평, 밭 35만 평의 유기 필지를 확보, 사상 최대 면적을 기록했다. 조합원이 1,008명으로 증가하고 직원이 14명으로 늘어 관리비도 늘었다. 친환경 농산물 생산량이 전국적으로 증가하자 쌀이 남아돌았다. 풀무생협은 2004년 37억 3,300만 원을 들여 유기농 쌀 4만 3,872가마를 수매했으나, 다음해 가을까지 판매하고도 남은 쌀이 쌓여나갔다. 2004년과 2005년에 생산된 쌀 중 남아도는 쌀을 일반미 값으로 방출하는 과정에서 11억 원의 손해를 발생시키고 말았다. 한 번 크게 손실을 본 풀무생협은 그 여파로 부실 운영이 계속됐다. 2009년 7월, 총 자산은 36억 원(고정 자산 17억 원 포함)이나 부채는 50억 원으로 사실상 파산 상태가 됐다. 2009년 제10차 조합원 정기총회 자료집에 의하면, 2008년 12월 31일 현재 전체 조합원 896명 중 농업생산자 조합원은 333명으로 45.4퍼센트를 차지했다. 농산물 생산과 무관한 절반 이상 조합원들의 참여 길이 10년 이상 막혀 있었던 것이다. 이는 1년 이상 조합 사업을 이용하지 않을 때 제명한다는 정관을 위배한 것이기도 하다. 소비자생협법에 의해 설립된 협동조합이 생산자협동조합 업무를 한다며 충남도청으로부터 고발당하는 등 계속적인 지적을 받았다

풀무생협은 아이쿱생협연합 신성식 경영 총괄 이사에게 1년 간 경영을 위탁했다. 신성식은 부실 채권을 회수하며 조직을 생산자 중심으로 전환하고, 쌀센터와 생산 관리 부서 사무국 직원을 아이쿱 소속으로 변경하는 등 조치를 취했다. 신성식은 2010년 9월 임시총회를 소집해 1년간 위탁 경영 결과 보고와 함께 회생 대책을 내놓았다. 그는 "현재 생협법은 소비자생협으로 생산자의 협동 활동에 맞지 않는다. 생산자의 생산을 지원하고 출하하는 전담 조직은 영농조합인데, 여기는 10명도 안 되는 생산자만 가입되어 있는 형식"이라는 내용 등을 보고했다. 신성식은 경영 개선 방안을 제시했는데, 품목별 생산자 영농조합을 설립하고 풀무생협 업무는 소비지인 홍성 읍내로 이전할 것을 주문했다. 풀무생협은 신성식이 제안한 대로 생산자들이 친환경 영농, 주곡, 축산, 채소 4개 영농조합 법인으로 분리해 독립해 나갔다. 그 후 생협은 2013년 7월 홍성읍에 판매장을 개설하면서 소비자도 참여하는 당초 목적을 회복했다. 그러나 풀무생협은 토지와 건물을 모두 아이쿱에 넘기고 부채와 상계하면서 빈손이 됐다. 그런데 풀무생협 산하에서 분리돼 나간 생산자들 일부가 아이쿱과 함께 홍성읍에 대형 매장을 개설해 풀무생협과 경쟁 관계에 들어갔다. 900여 명 조합원 중 280여 명이 풀무생협을 탈퇴하고 그 대부분이 아이쿱으로 옮겨갔다. 풀무생협

은 홍성읍을 중심으로 조합원 배가 운동을 벌여 탈퇴자의 두 배가 넘는 소비자들이 가입, 2018년 현재 약 1,400여 명으로 늘어난 가운데 협동 운동을 다각화하고 있다.

  1959년 한국 최초의 협동조합, 1980년 지역 주민에 의해 스스로 설립된 최초의 생협이라는 영광스러운 이름의 풀무생협은 그동안 크게 두 번에 걸친 파산 상태를 경험했다. 그러는 동안 생산 환경과 소비 환경이 크게 바뀌었다. 풀무생협이 화려한 명성에 걸맞은 생협으로 다시 일어설 수 있을지 생산과 소비 시장의 급변, 자본과 다국적 기업의 지배력에 흡수돼 이름만 남긴 채 사라질지 예측할 수 없다.

풀무신용협동조합

군사 정권도 실패한 농어촌 고리채

1980년대까지 우리나라 사람들은 은행이나 농협에서 빚을 얻기가 쉽지 않았다. 뒷돈을 주며 빚을 얻는 것이 보통이었다. 사채 시장은 이자가 높아 서민들에게 고통을 안겨 주었다. 소위 '곱장례'라는 게 있었다. 봄에 쌀 한 가마 갖다 먹고 가을에 두 가마 갚는 것이었다. 1961년 5월 16일 군사 쿠데타에 성공한 박정희가 제일 먼저 손을 댄 것은 서민의 목을 조르는 고리채 문제였다. 박정희의 국가재건최고회의는 쿠데타 9일 만인 5월 25일 '농어촌 고리채 정리령'을 발표했다. 농·어부를 채무자로 연이율 20퍼센트를 초과하는 채권·채무(현금 및 현물)을 농어촌 고리채로 규정하고 채권 행사를 정지시켰다. 농·어촌 고리채의 채권·채무자는 관계 기관에 신고하도록 하고, 신고하지 않은 채권액은 대통령령에서 제시한 한도까지 이를 소멸한 것으로 간주한다는 것이었다. 6월 10일에는 이 같은 내용을 법으로 만들어 고리채 정리법을 공포했다. 당시 고리채 때문에 기아선상에 놓인 농어촌 서민들의 지지를 얻으려는 군사 정부의 과감한 시책이었다. 신고된 고리채에 대해서는 정부 보증으로 농업금융채권을 발행하여 채무자를 대신해 정부가 대위 변제한다는 것이었다. 채권자에게 발행된 농업금융채권의 원리금 상환 방법은 1년 거치 4년 분할 상환하도록 하는 원칙을 세웠다.

그러나 농어촌 고리채 정리는 적지 않은 부작용을 낳았다. 우선 당장 채무의 중압에서 해방은 됐지만, 채권자는 고리채 신고를 한 채무자를 배신자로 보게 되었고 이웃 간의 극심한 반목 분위기가 조성됐다. 따라서 당시 정부가 추계한 농어촌 고리채는 약 70억 원이었으나 실제 신고된 것은 29억 6천만 원뿐이었다. 농어촌 사금융의 길은 완전히 막히다시피 됐으며 긴급한 경우에도 돈을 얻어 쓰기가 거의 불가능했다. 게다가 영세농, 머슴, 식모, 상이군경, 전쟁미망인 등이 절약으로 푼돈을 모아 남에게 준 채권까지 불이익을 받는 난처한 입장에 처했다. 정부는 1962년 9월 3일 농어촌 고리채 정리법을 개정하여 문제점들을 보완했으나, 기대했던 성과는 거두지 못하고 농어촌 고리채 문제는 여전히 난제로 남았다.

이 같은 사회 분위기 속에서 신용협동조합(이하 신협)이 탄생됐다. 신협은 공동 유대권 안에 있는 사람들이 스스로 조합을 만들어 그중에 여유 있는 사람들이 푼돈을 모아 기금을 조성해 다른 조합원에게 신용만을 담보로 빌려주는 자율적인 서민 금고다. 우리나라 신협은 처음에 천주교회가 주도했다. 1960년 5월 1일, 부산 메리놀병원에서 미국인

천주교 수도자 메리 가브리엘라 뮬헤린 수녀가 주도한 가운데 성가신용협동조합을 창립하면서 처음 들어왔다.

풀무신용협동조합(이하 풀무신협)은 1969년 11월 10일 풀무학교 교실에서 창립총회를 열면서 시작됐다. 홍성 역사상 처음이고, 충남도에서는 예산 다음 두 번째였다. 풀무신협은 두 가지 특징을 갖고 있다. 교회와 직장 단위 신협이 대부분이던 시대에 풀무신협은 학교에서 시작해 지역 주민이 주도하는 조합으로 옮겨간 점과, 도시가 아닌 농촌의 작은 면 지역에서 시작한 점이다.

주옥로는 자신이 발행한《성서생활》을 비롯해《풀무》,《더불어 사는 길-농촌 신협 12년사》등에서 풀무신협을 시작하던 때의 심경을 여러 차례 밝혔다. 주옥로는 1951년 한국전쟁 중 1.4후퇴 때 제주도에서 피난생활 중 농촌 운동가 홍병선 목사로부터 덴마크 협동조합에 대한 특강을 며칠 동안 들었다고 했다. 그리고 자신도 고향에 돌아가면 반드시 덴마크와 같이 농촌을 살려보겠다고 다짐했다는 것이다. 홍병선(1888~1967)은 일제시대 YMCA 농촌부 간사로 들어가면서부터 농촌운동에 뛰어들었으며 덴마크에 다녀온 후 협동조합 방식을 통한 농촌운동을 평생 벌인 인물이다. 제주도에서 협동조합 강의에 감명을 받은 주옥로가 홍동에서 꿈을 실현하는 데는 17년이 걸렸다. 주옥로는 1968년 풀무학교 관계자 5명과 함께 신용협동조합 발기인회를 열었다. 그는《더불어 사는 길-농촌 신협 12년사》에서 당시 심정과 동기를 다음과 같이 썼다.

"그때 학비는 글방과 같이 보리 때 보리 한 가마, 벼 때 벼 한 가마를 받아 운영하는 어려운 처지이고 보니 그럴수록 우선 교사, 가족, 학생, 졸업생끼리라도 똘똘 뭉쳐 협동조합을 해보자고 의기투합했다. 마침 전북 임실에서 신협 경험이 있는 김종북 교사의 소개와 홍순명 교사의 제안은 직접 행동으로 옮기는 동기가 되었다."

풀무학교 졸업생 18명, 4,500원으로 출발

풀무신협은 1969년 풀무학교 교사와 졸업생 18명이 4,500원을 모아 출발했다. 학교 내에 사무실을 두고 현장송, 이무순 교사가 실무를 맡았다. 주옥로는 풀무신협 창립 때부터 1986년 7대까지 17년 동안 이사장을 맡아 운영하고, 홍순명은 창립총회부터 1977년 2월까지 8년 동안 부이사장으로 협동조합 이론을 정립해냈다. 창립 3년 만인 1972년에 들어서면서 체제를 정비하고 법적 자격을 갖추는 등 본격적으로 활성화 단계에 진입했다. 그해 7월 29일에 사단법인 신용협동조합연합회에 가입하고 12월 31일 재무부로부터 정식 법인 인가를 받았다. 1972년 8월 17일 신협법이 국회에서 통과되자 조합들은 모두 발전적 해체를 하고 특별 법인인 신용협동조합으로 다시 창립하는 형식을 취했다. 그렇게 해서 1972년 12월 말 전국에 249개 신협이 재무부로부터 설립 인가를 받았다. 면 단위 농촌 지역에서는 풀무신협이 전국에서 처음이었을 것으로 추정된다.

풀무신협은 풀무학교 안에 있어 지역 주민들의 조합원 가입이나 이용이 저조했다. 6년 동안 풀무학교 안에서 운영하던 신협은 1975년 3월 1일, 홍동면 운월리 송풍마을 이발소 옆에 붙은 5평 사무실을 월세로 얻어 이전했다. 그리고 1년 후에는 이발소 건물 전체를 사들여 사무실을 확장하고, 사무실로 사용하던 장소는 도서실로 바꿨다.

1978~1979년은 풀무신협이 지역사회 발전과 조합원 복지 문제에 한 발짝 내딛는 해였다. 이때 시도한 지역 개발 사업은 크게 네 가지다. 조합원 자녀 장학금 지급을 시작하고, 가축을 기르는 조합원에 대한 방역 사업, 의료 계약 그리고 학생 도서실 지원 등이었다. 특히 의료 계약 사업은 1979년 2월 5일 홍성읍 한외과, 고치과, 최소아과, 최이비인후과, 장산부인과 5개 의원과 계약을 맺어 조합원들이 싼값으로 이용할 수 있게 했다. 이 사업은 1983년까지 5년 동안 347명이 혜택을 본 것으로 나타났다. 1981년에는 홍성읍 충남도립의원과 계약을 체결했다. 조합원은 진료권 없이 그냥 치료 받고 현금이 없으면 신협 보증으로 외상 치료도 가능하며 의료원에서는 연 1회 조합원에게 순회 진료 및 건강 진단을 하도록 했다.

풀무신협은 1980년 운월리 297-1번지에 토지를 사들여 1983년 12월 20일 67평 건물을 지어 오늘에 이르고 있다.

한 집 평균 2명씩 조합원 가입

1969년 18명이 시작한 풀무신협은 45년이 지난 2018년 1월 현재 조합원 3,357명, 4,500원으로 시작한 자산은 366억 원으로 성장했다. 주민등록에 올라 있는 홍동면 전체 세대수는 1,598세대다. 홍동면 주민 전체가 세대 당 평균 1.9명씩 풀무신협 조합원으로 가입한 셈이다. 1997년 IMF(국제통화기금) 외환 위기 때 전국의 많은 신협에서도 신용 대출 부실화 등 어려움이 닥쳐왔다. 그러나 풀무신협은 흔들림 없이 지나갔다. 관계자들은 풀무신협의 건전한 재무 구조와 원칙에 입각한 운영 때문이라고 입을 모았다. 많은 신협이 회사채 매입, 도시 지역 기업 대출 등에 의지하던 것과 다르게 풀무신협은 순수 조합원 대출이 중심을 이루고 있기 때문에 어떤 바람에도 흔들리지 않았다는 것이다.

돈이 필요한 사람이 은행이나 농협에 뒷돈을 주며 빚을 얻어 쓰던 우리나라는 어느새 수많은 대부업체들이 경쟁적으로 빚을 쓰라고 권고하는 사회로 변했다. 오늘도 전 국민의 휴대폰 문자 메시지와 스팸 메일로 돈 판매 광고가 무차별적으로 날아온다. 국회는 2007년 3월 이자제한법을 만들었다. 당시 70퍼센트 이상 폭리를 취하던 불법 대부업자를 양지로 끌어내자는 취지였다. 그해 전국 지방자치단체에 등록된 대부업체는 약 1만 6,000여 개 수준이었다. 미등록 대부업자는 훨씬 더 많고 그로 인한 피해 건수는 해마다 급증하고 있었다. 법에서 정한 금리 상한선은 연 44~49퍼센트였다. 2011년 7월부터는 연 39퍼센트로 내렸으나 고금리는 마찬가지다. 역대 정권마다 불법 사채와의 전쟁을 선포하는 것 같지만 그럴 때마다 오히려 창궐했다. 은행 문턱은 높고 서민들은 급전마저도 조달할 길이 막혀 있기 때문이다. 이런 가운데 홍동면 전 주민이 조합원으로 가입돼 있는 풀무신협이 낮은 금리로 대출하며 40년 동안 서민 금고 노릇을 해왔다.

나래를 펴지 못한 협동조합들

풀무신협과 풀무생협은 해마다 1월 말부터 2월 말 사이에 조합원 정기총회를 연다. 풀무신협은 1천여 명, 풀무생협은 500여 명의 조합원이 한자리에 모여 총회를 한다. 홍동초등학교 혹은 홍동중학교 강당에서 아침부터 저녁까지 하루 종일 때로는 빵과 우유로 점심을 때우며 지난해 조합 사업과 결산을 따지고, 새해 사업과 예산을 세우며, 대표자를 선출하는 투표를 한다. 최근에는 조금 간소화 돼 선거가 없는 해에는 한나절에 끝난다. 홍동 면민이 거의 다 가입돼 있는 풀무신협 조합원은 곧 풀무생협 조합원이다. 그들은 이렇게 40여 년 동안(풀무신협은 46년, 풀무생협은 38년) 한 해에 두 번씩 모여서 지방자치와 민주주의를 훈련하며 살아왔다. 홍동 사람들에게 협동은 자연스러운 삶의 방편이었으며 오늘의 홍동을 만들어 온 원동력이었다. 이렇게 훈련된 홍동 사람들은 무슨 일을 하든지 혼자가 아니라 다른 사람과 함께하는 것을 당연한 수단으로 받아들였다. 어떤 분야는 협동조합이란 이름을 붙이고, 어떤 분야는 다른 이름을 사용했으며 성공하기도 하고 실패하기도 했다. 풀무신협과 풀무생협이 가장 성공한 사례다. 뜻을 이루지 못한 조합도 그 꿈을 버리지 않고 긴 세월을 두고 이어졌다 끊어졌다를 반복하며 사업 내용이나 형태를 바꾸기도 했다. 이 장에서는 나래를 펴지 못한 사례들을 살펴본다.

양돈조합

1979년 6월 13일, 홍동면 주민 17명은 양돈조합을 구성하기 위해 모였다. 이날 회의에서는 운월리 갓골농장에 대지를 확보, 돈사를 지어 회원이 출자한 돼지새끼 200마리를 길러 이익을 나누기로 했다. 시설 책임은 주정배, 채승병, 최석범이 맡고 경영 관리는 정규채, 주정렬, 이낙구가 맡기로 했다. 이날 회의에서는 정부 당국의 농정이 미국에 예속돼 있다고 판단하고, 농민이 살 길은 협업뿐이라는데 의견이 일치했다. 이들은 양돈조합이 성공하면 버섯 재배와 농산물 가공을 협업으로 하자고 했다. 그러나 이날 결의한 양돈조합은 실천으로 이어지지 못했다.

홍동농기계이용수리협동조합

1979년 10월 8일, 홍동농기계이용수리협동조합이 문을 열었다. 값이 비싼 농기계를 경작 면적이 작은 개인이 혼자 사서 사용하자면 돈도 많이 들고 비경제적이기 때문에 공동으로 구입하여 사용하고 수리하는 협동조합이다. 네델란드 I.C.C.O에서 지원받은 자금 2,000만 원으로 홍동면 운월리 갓골마을에 건평 60평 창고를 짓고 트랙터, 바인더, 이앙기, 고성능 분무기, 경운기 등 농기계를 사들였다. 조합은 운영위원회를 구성하고 최석범을 실무자로 채용했다. 가입금 1,000원을 내면 누구나 가입하여 농기계를 이용하고 수리할 수 있도록 했다. 이를 위해 11월 24일 당국으로부터 고물상 허가를 받았다.

1980년 1월 9일, 홍동농기계이용수리협동조합 정식 창립총회가 열렸다. 정관을 통과시키고 임원 선거를 실시해 이사장에 최성봉 풀무학교 교사가 선출됐다. 부이사장에 주정두(운월리, 농업), 이사에는 이후창(화신리, 농업), 이하익(홍성읍, 약국 운영), 정규채(풀무신협 전무), 한평전(홍원리, 농업), 유효진(금평리, 농업), 감사에 권태문(팔괘리, 과수원), 채승병(구정리, 축산업)이 당선됐다. 가입된 조합원은 54명, 시설비로는 대지 35만 원, 60평 창고 건축물 600만 원, 수도 시설 37만 원, 전기 시설 56만 원, 기타 부대 시설 40만 원, 공구 및 운영비 139만 원 전체 1,800만 원이 투자됐다고 경과 보고를 했다. 최성봉 이사장은 인사말에서 "이 조합은 홍동의 농촌 기계화를 위한 획기적인 전환점이 될 것은 물론 농민에게 정신적 협력의 시발점이 되도록 하자."고 역설했다. 농기계 수리는 국제농기계 대리점에서 경력을 쌓은 이우철이 맡고, 수리비는 일반 수리점보다 10퍼센트 싸게 했다. 내는 수리비 중에서도 10퍼센트는 본인 출자금으로 전환했다. 조합은 노동력 없는 농촌 사정을 감안, 농작업 대행 사업을 구상하는 등 여러 가지 희망에 부풀었다.

그러나 업무 개시 1년 3개월 만인 1981년 3월 27일 조합원 총회에서는 1년간 117만 원의 손실금이 보고됐다. 총 자산은 2,300만 원이었다. 그런 가운데 소재지 마을에 '해진사'라는 개인 농기계 수리업소가 생겼다. 조합은 운영난과 지역 내 민간 사업소와 경쟁할 필요가 없다고 판단해 문을 닫기로 했다. 그 후 37년이 지난 현재 그 건물은 생각실 천창작소, 우리마을뜸방, 풀무학교 교사 사택 등으로 변했다. 지금도 나이 든 홍동 사람들은 그 지역을 찾아갈 때 "농기계협동조합 자리"라고 해야 알아듣는다.

홍동농기계이용수리협동조합이 문을 닫은 후 그 건물은 처음에 폐식용유를 이용한 재생 비누 공장으로 바꿨다. 학교와 식당, 집에서 버리는 폐식용유를 수거해 비누를 만들기 시작했다. 일본 미나마타 시와 교류, 기술을 배워왔다. 2003년에는 일본 마쯔나가 구니오가 와서 미니 플랜트를 들여놓고 필요한 기술을 이전했다. 제품은 세탁용 덩어리 비누, 주방용 물비누, 유기농 쌀겨 얼굴비누 등 다양했다. 어린이들과 학생들을 위한 비누 만들기 교육 과정도 마련해 환경 교육장으로 활용했다.

민속공예조합

1980년 11월 26일에는 민속공예조합이 발족됐다. 홍동면 내 민속 공예 산업 육성과 민속 공예품 판매가 목적이었다. 목각 전문가 이창우가 주도하며 홍원리 죽세공품도 취급하기로 했다. 홍원리는 옛날부터 대나무로 바구니 등을 만드는 집산지였으나 점점 사라져 가고 있었다. 장소는 홍동대체공업연구소를 사용하기로 했다. 홍순명, 이창우, 이기홍, 김태기, 주정자, 쓰지야 게이꼬(풀무학교 일본인 강사), 주민자가 중심이 돼 논의를 했다. 그러나 이 조합도 결실을 보지 못하고 말았다. 일생 동안 목각 공예품 만들기 외길을 걷는 이창우는 그 후 지금까지 풀무학교에서 목공예 수업을 맡아 후예를 기르고 있다.

홍동식품가공조합

1982년 3월에는 홍동식품가공조합이 발족됐다. 갓골어린이집 옆에 500만 원을 들여 건평 35평 크기로 견고한 벽돌 건물을 반 지하로 지어 출발했다. 빵과 잼류 제조부터 시작해 불량 식품을 몰아내며 지역 식생활 개선까지 목표로 했다. 현미 도정, 제분, 분쇄, 제면, 제병, 착즙, 착유 등 120만 원 상당의 가정용 기구를 준비했다. 발기위원은 주정자, 황연하, 김경숙, 주숙자, 권오섭이며 이승진이 실무를 맡았다. 이 조합에서는 그해 5월부터 '풀무식빵'이라는 이름으로 식빵을 만들어 조합원들에게 공급했다. 화학 첨가물을 넣지 않고 활성 이스트와 풀무목장 우유로 만들어 품질을 좋게 하며 시중 가격보다 20퍼센트 싸게 공급했다. 지역에서 생산되는 각종 농산물 가공까지 꿈을 안고 출발했지만, 갓골어린이집 간식용 빵 만드는 것 외에 사업은 지지부진했다.

1993년에는 풀무학교 교사와 학생 그리고 뜻을 같이하는 지역민 몇이 참가해 '풀무학교생활협동조합'을 결성하면서 식품가공조합 기능을 되살려냈다. 2009년에는 '갓골유기농업영농조합법인'으로 당국의 허가를 받았다. 친환경 목조 건물의 제빵실에서는 풀무학교 전공부에서 농사지은 밀과 지역에서 생산한 안전한 농산물로 건강한 통밀 빵을 만든다. 조합은 제빵실 옆에 작은 가게를 차려 놓고 갓 구워낸 각종 빵과 과자는 물론 지역에서 생산되는 유기농 잡곡, 채소, 과일, 과일즙, 평촌요구르트 등 지역 농산물과 가공품을 판매하고 있다. 조합원은 130여 명, 지역 내 학교와 어린이집 등에 주문받아 배달도 하고 있다.

홍동대체공업연구소

미국 캘리포니아주 스탠포드대학에 재학 중인 미국인 캐빈 갤러거(Kevin Gallagher)가 1978년 9월 1일 풀무학교 영어 회화 강사로 부임했다. 그는 학교에서 황연하 교사와 함께 학생들을 지도하는 '태양에너지반'을 만들었다. 1979년 5월 20일 이들은 태양열을 이용해 물을 데워 사용하는 대체에너지 개발에 성공했다. 당시 한국에서 일반적으로 생각하지 못하던 때였다. 이 시설은 풀무학교 기숙사 옆 언덕에 원두막처럼 세웠다. 가로 150센티미터, 세로 120센티미터 사각형 나무로 1평 정도 크기의 틀을 짜고 유리로 덮어 집열판을 만들어 올렸다. 용량 40가론의 물탱크를 만들어 옆에 설치하고 구리 파이프로 연결했다. 햇볕을 5~6시간 받으면 물이 섭씨 60도까지 올라가 기숙사 목욕물로 쓰기에 충분했다.

당시 풀무학교는 VIA(Volunteers In Asia)에서 미국인 영어 회화 강사를 1년 임기로 해마다 교체 파견돼 왔다. 그러나 캐빈은 근무 기간이 끝난 후 돌아가지 않고 4년 동안 홍동에 머물며 주민들과 함께 지냈다. 그는 1979년 12월 홍동 지역에 '풀무에너지가든회사'를 만들기로 하고 준비에 들어갔다. 9개월간에 걸쳐 자금 230만 원을 만들어 설립키로 한 이 계획서 목표를 보면 다음과 같이 기록하고 있다.

1. 스틸로프와 섬유 유리에 의한 단열 재료의 저장 판매 및 시공
2. 적정한 크기의 태양열 집열판에 의한 온수 시설의 생산 판매 및 시공
3. 지붕 또는 기타 건물에 부착된 태양열 시설의 시공(장기 목표)
4. 다음과 같은 에너지 보존과 생산을 위한 시설의 제조, 판매 및 시공 : 유리창 표면의 단열, 계절용 태양열 차단 시설(차일), 메탄가스 발생기, 전력 및 양수용 풍차
5. 에너지 정책, 보존 및 제조에 관한 도서 번역 및 출판(더 장기적 목표)
6. 에너지 보존, 친환경적으로 안전한 에너지 생산을 위한 연구 기관 설치

이 같은 사업을 위해 먼저 해야 할 세부 계획에 의하면 2명의 유급 종사자를 둘 것, 완성된 태양열 집열판 견본을 3개 만들어 하나는 풀무학교에 설치하고, 하나는 서울 태양열 전시회에 출품하며, 하나는 이동식 견본으로 만들어 교육에 사용한다는 것이었다. '풀무에너지가든회사'에 대한 구상은 '홍동대체공업연구소'로 명칭을 바꿔 1980년 홍동면 운월리 갓골마을에 건물을 짓고 설립하면서 구체화돼 나갔다.

1980년 7월 22일부터 29일까지 8일 동안 풀무학교에서 제15회 유네스코 국제청년야영대회가 열렸다. 한국을 비롯한 13개 나라 청년 108명이 참가했다. 야영대회가 끝나자 독일 참가자 12명을 포함한 20명은 8월 5일까지 일주일 동안 더 남아 대체공업연구소 터 닦기를 비롯해 재료 운반과 기초 공사를 했다. 갓골마을 368번지에 15평 크기로 지은 홍동대체공업연구소는 재료실, 작업실, 거실, 다락방으로 만들었다. 지붕은 채광 유리와 태양열 집열판으로 에너지 절약 시범으로 지었다. 연구소에서는 태양열 난방 시설과 풍차를 이용한 전기 발전, 메

탄가스 실험, 속성림 실험, 농한기용 지력 증진을 위한 청초 재배, 종이 재생, 국제간 자료 교환 등을 목표로 세웠다.

이렇게 해서 1981년 홍동면 운월리 갓골마을에 대체공업연구소가 세워졌다. 연구소는 그해 1월 26일부터 30일까지 3박 4일간 희망자를 모아 태양열 실무 교육을 했다. 서울 장안동에 있는 태양열 주택을 방문하기도 했다. 그러나 야심찬 계획으로 출발한 홍동대체공업연구소는 꽃을 피우지 못했다. 연구소가 언제부터 침체 국면에 들어가고 언제 사라졌는지 정확한 자료가 없다. 그러나 20여 년이 지난 뒤 실제 태양광 발전 시설이 타 지역보다 앞서 홍동에 들어오고, 각종 연구소가 세워지는 등 형태와 방법을 달리하며 발전적으로 이어지고 있다. 풀무학교는 1998년 교내에 12킬로와트급 태양광 발전 시설을 설치해 학생관 전기에 사용하기 시작했다. 이 시설은 산업자원부와 삼성전자 후원을 받은 것으로 경남 창원시청 옥상과 함께 우리나라에서 처음으로 만든 시범 시설이었다. 2006년에는 풀무 전공부 강의동 옥상에 10킬로와트 생산 능력의 태양광 발전 시설을 설치해 사용하기 시작했다. 그 후 홍동의 여러 곳에서 태양광 발전소를 만들어 사용하며 신재생에너지 시대를 앞서 실천하고 있다.

홍동대체공업연구소는 크게 두 가지 점에서 홍동 지역사회 역사에 효과적으로 기여했다. 첫째, 이 일을 처음 시작한 캐빈 갤러거에 의해 홍동의 실천 경험들이 국제적으로 확산되고 있다. 홍동에서 1982년까지 4년 동안 농민들과 함께 생활했던 캐빈은 미국에 돌아간 후 캘리포니아 주립대에서 곤충학(천적)을 전공, 석사와 박사 학위를 받았다. 그리고 필리핀 국제미작연구소에 들어가 3년 동안 근무한 것을 비롯해 동남아시아에서 국제연합 산하 연구원으로 일했다. 1992년 다시 한국에 들어온 그는 4년 동안 한국 농촌진흥청에서 유엔 파견 IPM(병충해 종합방제)사업단 연구원으로 일했다. IPM은 농작물에 대한 예찰을 통해 농약이 꼭 필요한 때만 치도록 하는 것이다. 당시 농민들은 벼에 농약을 1년에 6회 정도 사용했으나, IPM 적용으로 2회까지 줄일 수 있었다. IPM은 당시 한국에서 처음이었으며 정부 당국은 유기농업을 배척하던 때였다. 그때 농정 당국에 농약을 안 쳐도 농사지을 수 있다는 확신을 준 것이 오늘날 유기농업에 투자하며 권장하는 정책으로 발전한 계기가 됐을 것으로 평가되고 있다. 이 기간 캐빈은 홍동에서 IPM 교육과 실험을 많이 했다. 1995년에는 홍동 농민 20명을 인솔, 자신의 고향인 미국 캘리포니아 지역 농장들을 15일 동안 견학하기도 했다. 그는 1997년 다시 FAO(유엔세계식량농업기구) 직원이 돼 로마에 본부를 두고 아시아와 아프리카 수십 개 나라의 기아 문제, 안전 식품, IPM 실천 등에 대한 계획을 세우고 지도했다. 2018년 현재, 몽골에서 일하는 그는 해마다 홍동을 한두 차례 찾는다. 그는 각 나라의 대통령을 비롯한 정부 관료, NGO 대표들과 상의하며 계획을 수립하고 지도한다. 그는 아시아와 아프리카의 가난한 지역들을 더 나은 지역사회로 만들기 위해 지도하면서 홍동에서 농민들과 함께 일하며 배운 경험이 밑거름이 되고 있다고 말한다. 각 나라 지역 주민들에게 홍동처럼 자주적으로 협동을 통해 일을 만들고 추진하는 방안을 제시한다는 것이다. 홍동 주민들이 펴내던 소식지들과 홍성 군민들이 주주로 참여해 시작한

《홍성신문》창간 이야기도 빼놓지 않고 전하며 그런 매체 창간을 권고한다는 것이다.

홍동대체공업연구소가 홍동에 기여한 두 번째 효과는 농촌을 일만 하는 곳이 아니라 공부하고 생각하고 연구하고 실험하는 지역으로 만드는 시초의 역할을 했다는 점이다. 1980년대 대체에너지 연구 활동과 실험은 각 신문에 보도되면서 육군본부에서 찾아와 활용 가능성을 점검하는 등 전국적으로 반응이 컸다. 같은 시기에 카이스트에서도 대체공업연구소를 세웠으나 민간 기구로는 홍동이 처음이었다. 캐빈은 《생각하는 농민》이라는 작은 잡지를 월간으로 만들어 이런 내용들을 담아 보급했다. 그로부터 30년이 지난 후 갓골에는 여러 개의 연구소가 설립됐다.

협동조합의 한계와 새로운 협동조합

2012년 말 협동조합기본법이 국회에서 통과된 뒤 약 3년 동안 우리나라에서는 협동조합이 사회 경제적 문제를 푸는 요술 도깨비 방망이처럼 인식된 가운데 여기저기서 설립 붐이 일어났다. 돈을 효과적으로 버는 방법 중 하나로, 은퇴자들에 대해 새 일감을 찾는 소위 '인생 이모작 교육' 프로그램에는 협동조합 설립 방안이 필수 과목으로 들어갔다. 법 제정 3년 만에 7,000개가 넘는 협동조합이 결성됐다고 한다. 지난 60년 동안 4,000여 개의 협동조합이 결성, 운영돼 온 것의 1.7배나 많은 협동조합이 3년 동안에 만들어진 것이다. 협동조합의 대부로 불리는 이탈리아 볼로냐대학 스테파노 자마니 교수는 "세계적으로 이렇게 빨리 협동조합이 성장한 경우는 보지 못했다."고 말했다고 한다.

그러나 2018년 현재 그 협동조합들 중 절반 이상이 문을 닫은 것으로 전문가들은 보고 있다. 협동조합은 사유 재산과 조합원의 경제적 이익을 부인하지 않고 가입과 탈퇴가 자유로운 점에서 자본주의 체제

안에서 합법적으로 존재한다. 그러나 평등한 표결권과 자산을 공유하고 경영과 생산에 공동 참여하며 비영리적 필요를 충족시키며 경쟁과 대립의 피해를 완화하는 점에서 자본주의와 기본적으로 다르다. 그래서 협동조합은 자본주의를 옹호하고 사회주의를 건설하는 머리가 둘 달린 사자라는 말도 있다. 그러나 협동조합이 과연 최선의 방식일까? 2012년에 제정된 우리나라의 협동조합기본법은 설립 문턱을 낮춘 것이 골자다. 협동조합기본법 제15조는 5인 이상이면 누구나 협동조합 설립을 신고할 수 있으며 창립총회를 비롯한 총회는 조합원 과반수의 출석과 출석인 3분의 2 이상 찬성으로 의결할 수 있도록 규정하고 있다. 5인이 협동조합을 만들어 3인이 출석해 2인이 찬성하면 무엇이든 결정할 수 있는 것이다. 형태와 방식만 보면 두 사람이 '동업'하는 사업과 협동조합이 어떻게 다른지 의문을 가질 수밖에 없다.

풀무생협은 2013년 2월, 100여 명이 참석한 가운데 조합원 정기총회를 열었다. 그런데 공고 일자가 하루 부족하다는 충남도청의 지적을 받고 3개월 후 총회를 다시 열었다. 총회는 7일 전에 공고하도록 법에 명시돼 있다. 그러나 풀무생협이 게시판에 붙인 공고문은 공고 당일을 포함해 7일이므로 실제는 하루가 부족했다는 것이다. 충남도는 풀무생협이 성립 요건에 맞지 않는 총회에서 이사 보궐 선거를 실시했다며 경찰에 고발했다. 법과 행정 기관이 협동조합을 도와주거나 안내하는 것은 전무하고 엄격한 관리 감독만 하고 있는 것이다. 우리나라 생협법은 제9조에서 "국가 및 공공단체는 조합 사업에 대해 적극적으로 협조해야 하며 필요한 자금을 지원할 수 있다."고 규정하고 있다. 그러나 정부는 협동조합에 대해 재정적 지원을 전혀 하지 않고 있다. 주민 스스로 결성해 운영하는 협동조합을 지원하는 것은 협동조합 근본정신인 자조, 자립에 도움이 안 된다는 이유다. 정부가 이렇게 나오자 일부 광역 지방자치단체가 미미하게 지원하고 있다. 지방자치단체의 재정 형편, 단체장 의지와 철학에 따라 다르기 때문에 지역마다 또 협동조합마다 차등이 발생하고 있다. 협동조합의 나라 덴마크에는 협동조합에 관한 법 자체가 아예 없다고 한다. 우리나라는 왜 정부가 법을 만들어 간섭하고 통제할까?

국제협동조합연맹(ICA)은 세계 모든 협동조합이 공통적으로 그 가치를 실현하기 위하여 협동조합 원칙을 만들어 권장하고 있다. 국제협동조합원칙은 로치데일협동조합 이후 세 번에 걸쳐 변경해 현재 7대 원칙을 갖고 있다. 처음 로치데일 원칙부터 포함돼 있던 '정치적, 종교적 중립 원칙'은 1966년 오스트리아 빈 대회부터 빠졌다. 처음 협동조합을 시작하면서 조직 안보를 위해 중립을 표방했으나 정치, 종교 자유에 역행한다고 판단해 원칙을 고친 것이다. 민주 국가는 어느 단체나 조직이건 자신들의 이익을 위해 정치적 활동을 하고 있다. 협동조합 역시 열악한 위치에 있는 농민과 소비자들의 자주적 단결과 권익 향상을 위해 정치 참여는 필수적이다. 그러나 우리나라는 협동조합기본법을 비롯해 농협, 신협, 생협 관련 법과 각 조합의 정관에 모두 정치중립 조항을 넣고 있다. 50년 전에 국제협동조합 원칙에서 제외된 조항을 우리는 금과옥조로 지키고 있는 것이다. 이는 우리나라 권위주의 정권들에게 주민의 결집된 의사 표시가 불편하기 때문에 그 싹을 잘라

버리기 위한 독재적 발상의 일환으로 생각된다.

  우리나라 정치권의 협동조합에 대한 불편한 시각은 해방 직후 자유당 정권 때부터 본색이 엿보였다. 1953년 2대 국회는 협동조합 법안에 대한 논의로 시끄러웠다. 국회는 명칭을 놓고 갑론을박 하다가 법사위원회가 "시간이 없어 심의가 불가능하다."는 결론을 내리고 무위로 끝났다. 당시 명칭은 '이동 단위'와 '읍면 단위'의 농협 조직 문제였는데 이승만 대통령이 '협동조합'이라는 용어에 대해 거부감을 갖고 있기 때문에 명칭 문제가 첨예한 대립으로 쟁점화 됐던 것이다. 반공을 독재 정치 수단으로 사용한 이승만 대통령에게 협동조합은 사회주의 요소가 들어있다고 생각해 거부감을 갖고 있었던 것이다.

  지금 우리나라 생협은 값비싼 유기 농산물 판매장으로 스스로 국한시켜 자리매김하고 있다. 풀무학교에서 처음 시작한 소비조합은 가난한 서민들이 밀가루와 설탕, 학용품을 싸게 구입하기 위해 시작했다. 그러나 지금 가난한 소비자들은 값비싼 유기 농산물을 판매하는 생협 판매장에 들어가지 못하고 있다. 생협 매장이 부자들의 가게로 바뀌었다. 협동조합은 일단 수익을 발생시켜야 하는 사업체다. 규모의 경제를 추구하는 기업에 대항하기 위해 외형을 키우고 전국화 시키고 판촉 방법을 개발한다. 그러다 보니 대기업의 백화점이나 마트와 차이가 없어지며 조합원의 존재감이 사라진다.

  협동조합 발생지 영국을 비롯해 유럽의 협동조합들이 침체를 면치 못한다는 소식이다. 캐나다 생협 휘트폴(wheat pool)도 설립 72년 만에 문을 닫으면서 일반 주식회사로 바꿨다. 생협은 판촉 방법을 개발해

'착한 소비', '윤리적 소비'라는 말을 앞장 세워 묻지 말고 따지지도 말고 무조건 구매할 것을 요구한다. 일찍이 레이들로가 말한 '윤리적 소비'는 절약과 검소를 강조해 후기 산업 소비사회의 거품과 낭비를 버리게 하기 위한 말이었다. 그러나 지금 소비조합은 이 문구를 판촉 선전 구호로 사용해 소비를 조장하고 있다. 신용협동조합은 '신용'을 빼고 '동네 은행'으로 바꿔 부동산 담보 대출만 하고 있다. 농협은 '민족 은행'으로 선전하며 '협동'이라는 말을 스스로 던져 버렸다. 협동조합에 조합원은 없고 고객만 있으며 총회는 당기 순이익 많이 올린 것을 실적으로 내세우고 있다.

협동조합은 사실 폐쇄적인 조직이다. 자기들끼리 똘똘 뭉쳐 잘 살아보겠다는 조직이라고 볼 수도 있다. 1995년 국제협동조합연맹은 이 같은 문제점을 보완하기 위해 협동조합 간 협동 원칙(제6원칙)과 지역 사회에 대한 기여 원칙(제7원칙)을 추가로 의결했다. 연맹이 결성된 지 155년 만이다. 그러나 우리나라 협동조합들에게 이 원칙은 지켜지지 않는 구호일 뿐이다. 우리나라는 지금 여러 개의 협동조합들이 같은 시장을 놓고 치열한 경쟁을 벌이고 있다. 자본과 전국 조직망을 갖춘 대형 생협이 각 지역에 대형 매장을 개업, 군소 생협을 고사시킴으로 약육강식이 진행되고 있다. 한국 생협의 시초로 40년 역사를 가진 풀무생협은 홍성읍에 고층으로 세워진 아이쿱협동조합에 치여 고사 직전에 허덕이고 있다. 생산자와 소비자는 이익의 대척점에 있다. 생산자 이익이 커지면 소비자가 봉이 되고, 소비자 이익이 커지면 생산자는 노예가 된다. 생산자의 이익과 소비자의 이익이 하나로 만나는 사회! 그런 이상 사회가 올 수 있을 것인가?

 신자유주의 확산과 다국적 기업의 성장에 따른 협동조합의 신뢰와 운영, 정체성의 위기 가운데 그래도 협동조합에 희망을 걸 수밖에 없다고 말하는 두 사람의 의견을 소개하고 싶다. 1980년 국제협동조합연맹 모스크바 대회에서 국제적으로 저명한 협동조합인 A. F. 레이들로 박사가 내놓은 보고서는 협동조합 운동의 교과서로 불리고 있다. 이 보고서가 지적한 문제점과 대안은 40년이 지난 지금도 정확하게 적용된다. 보고서의 핵심은 미래를 위해 선택할 것을 제시한 네 가지다. 굶주리는 세계에 식량을 공급하는 협동조합, 생산적인 노동을 위한 협동조합, 절약 중심 사회를 위한 협동조합, 협동조합 지역사회 건설이다. 이 가운데 가장 중요하다고 생각되는 마지막 항목을 옮기면 다음과 같다.

 "협동조합의 큰 목표는 수많은 지역사회를 건설하고 마을을 만드는 것이다. 많은 경제적, 사회적 필요도 충족하고 지역사회도 창조하는 병용 효과를 낼 수 있는 협동조합 조직을 만들어야 한다. 모든 협동조합은 지역 사람들이 지역 내부로 눈을 돌려 자신들의 자원을 발견하고 필요한 서비스를 시작할 수 있도록 할 수 있다. 주택, 저축과 신용, 보육, 의료, 식품, 주간 보호 등 되도록 넓은 범위의 경제, 사회 서비스를 아우르는 협동조합 복합체를 구상해야 한다."

 비슷한 이야기는 30년 쯤 뒤 일본에서도 나왔다. 히로시마생협에서

19년 동안 실무자로 일한 오카무라 노부히데가 전환기를 맞은 구매생협에 대해 5년간 분석한 후, 2008년 새로운 방향을 제시하는 책 『생활협동조합과 커뮤니티』를 펴냈다.

"일본 구매생협은 1960년대 후반부터 우유 공동 구입, 저농약 생산 운동 등 지역 주민의 요구와 밀접하게 관련된 시민형 지역 생협으로 출발했다. 1990년대 초부터 조합원의 생활에 도움이 되는 정도나 경제성이 약해졌다. 경제의 글로벌화와 경쟁 심화, 의료 복지 등 사회보장제도 후퇴 환경에서 공동 구입의 특징을 살려내지 못했다. 즉 새로운 삶의 어려움이 나타났다. 생활 복지 영역에서 대응이나 지역 만들기가 새로운 과제로 등장했다."

『생활협동조합과 커뮤니티』(2015년, 충남연구원 옮김)

그의 책은 "생협은 진정 기대할 만한 조직인가?"라는 물음으로 시작해 "생협은 그 기대에 부응할 만한 조직이다."는 확신을 갖는다는 결론으로 유도하고 있다. 방법은 새로운 삶의 어려움에 대응하는 새로운 협동조합을 만들어야 한다는 것이다. 지역, 복지, 교육, 새로운 노동 방식, 고용 창출, 커뮤니티의 질, 주민 생활의 질을 높이려는 다양한 분야의 협동조합이다. 큰 협동조합 안에 작은 협동조합을 만들어 서로 새로운 에너지와 활력을 넣어 주는 것이다. 구매생협만으로는 무리가 있으며 복지와 협동을 담당하는 새로운 생협을 내부에 만들거나 외부에서 주입하는 것 외에 방법이 없다는 결론을 내리고 있다.

작은 지역사회의 무수히 많은 작은 협동조합들. 홍동에서 시도하는 여러 활동들을 이들이 제시하는 협동조합 범주에 넣고 본다면 희망을 가질 만하다고 생각한다.

홍동면 운월리 송풍마을 한가운데에 '동네마실방 뜰'이라는 카페가 있다. 마을 사람들이 회비를 모아 협동조합 형식으로 만들어 운영하는 술집이다. 도로가 좋아지고 자동차가 늘어나면서 홍성읍이 가까운 이웃이 돼 홍동에 다섯 개나 되던 다방이 하나씩 문을 닫고, 2010년에는 송풍에 있던 맥주집이 마지막으로 문을 닫았다. 일단의 주민들이 "그럼 우리는 어디서 술을 마시고, 어디서 만나 이야기하나?"라는 물음을 던졌다. 한두 사람이 농담처럼 던진 문제와 대안에 대해 생각을 같이 하는 사람들이 늘어나면서 협동조합 방식의 술집을 만들자는 결론에까지 이르렀다. 2011년 3월, 100여 명이 1,800만 원을 모아 문을 닫은 맥주집 자리에 '동네마실방 뜰'이라는 이름으로 문을 열었다. 시간 여유 있는 사람이 교대로 나와 근무했다. 처음에는 밤에만 문을 열다가 오후 개방으로 연장했으며 낮에도 차와 간편식까지 확대했다. 맥주와 차, 팥빙수로 시작해 돈가스, 유기농 채소 샐러드, 수제 버거, 떡볶이 등 20여 종류로 품목이 늘어났다. 모두 지역에서 생산된 친환경 재료만 사용한다. 누구나 부담 없이 만나 담소를 나누고 술을 마시는 동네마실방 뜰은 면민들의 사랑을 받는 사랑방이 됐다. 조합원은 2016년 말 212명으로 늘어났다.

홍동농협 로컬푸드 안쪽 한 코너에 '할머니장터조합' 반찬 가게가 있다. 유기 농산물 판매 과정에서 상품성이 떨어지거나 남는 재료를 모아 반찬을 만들어 판매하는 협동조합이다. 60대 후반에서 70대 후반의 지역 할머니 7명이 조합원이다. 2012년 여름부터 가을까지 다섯 번에 걸쳐 모임을 갖고 준비한 후 그해 10월 26일 협동조합으로 발족했다. 즉석 판매 제조 가공업으로 허가를 받아 김치류를 비롯해 김밥까지 40여 종류를 가공, 판매한다. 부부 직장인, 혼자 사는 사람들, 김치를 담그지 않는 젊은 주부들이 많이 이용한다. 홍동 유기 농산물 재료에 화학 조미료를 사용하지 않고 정성을 다해 만든 홍동 할머니들의 손맛이 홍성읍, 멀리는 보령시 대천까지 택배로 배달된다.

홍동면 문당리 문산마을 환경농업교육관 맞은편에 '초록이둥지협동조합'이라는 예쁜 이름의 조합이 결성됐다. 2016년 4월 9일 홍동면 문당리 주부 13명이 시작한 유기농 쌀빵을 만드는 협동조합이다. 홍성군청으로부터 즉석식품 가공 허가를 받아 매주 화요일 오후에 빵을 만든다. 쌀 찐빵을 선두로 식빵, 단팥빵, 소보로빵, 모닝빵 등이다. 밀가루는 전혀 들어가지 않으며, 유기농 쌀과 고구마, 국내산 팥을 사용한다. 문당리를 방문하는 외지인들이 주 고객이며 지역 내 행사 등에 주문을 받아 만들어 주기도 한다. 문당리를 찾아오는 학생들에게 빵 만들기 체험도 한다. 초록이둥지협동조합 조합원 가입 조건은 첫째 여성이어야 한다. 우리나라 대부분의 협동조합이나 사업, 행사 등이 남성 위주로 돼 있고, 여성들은 뒤에서 조력자에 머무르는 현실에 대한 문제 제기 차원이다. 여성들도 할 수 있다는 능력을 보여주며 여성의 긍지와 자존심을 갖기 위한 협동조합이다.

홍동면에 술 좋아하는 농민 일곱 명이 술 담그는 동호회를 만들었다. 이름은 '타는저녁놀'. 한 집에서 술을 담그면 모여 함께 마셔 보고 평가하며 토론한다. 다음 집 술이 익으면 그 집으로 모여 똑같은 대화로 더 나은 방법을 찾는다. 처음에는 일주일에 한 번씩 모이다가 술 익는 날로 잡아 열흘 정도에 한 번씩 모인다. 이름만 다르지 실제 내용은 협동조합이다. 이재화 대표는 "술을 혼자 만드는 것 보다 여럿이 하면 실험 횟수가 많고 자본 부담도 적기 때문에 효과적이다. 똑같은 레시피로 만들어도 일곱 집 맛과 향이 다르다. 물맛과 집안 환경과 솜씨가 중요하다. 대갓집 기록을 보면 어떤 술은 초하룻날 담아야 하는 등 우리 술은 참으로 다양하고 신비스럽다."고 말했다.

지역 살림에서 발생하는 필요에 따라 술잔에, 김치에, 쌀빵에 경험과 지혜와 마음씨를 담아 이웃에 전달하듯, 비슷한 조직들이 홍동에는 이밖에도 많다. 우리는 위에서 살펴본 일본 오카무라 노부히데가 제시한 새로운 삶의 어려움에 대응하는 새로운 협동조합에 특히 주목할 필요가 있다.

60년 전 풀무학교에서, 40년 전 홍동 지역에서 시작한 소비자협동조합은 값비싼 생활 물자를 저렴하게 공동 구입하기 위해 만들었다. 교통의 발달로 도시와 농촌의 유통 시장 차이가 사라지면서 당초 목적이던 소비자협동조합의 필요가 없어졌다.

대량 생산 상업농 시대에 접어들어 인체에 해로운 농약 살포로 마음 놓고 먹을 만한 식품 구하기가 어려워졌다. 농약과 화학 비료를 사용하지 않는 친환경 유기 농산물 공동 구입으로 생협의 내용과 역할이 바뀌었다. 그런데 사람들의 경제 생활 향상과 건강에 대한 관심이 높아지면서 백화점과 마트마다 친환경 농산물 코너가 마련됐다. 대형 매장들과 출혈 경쟁하면서 유기 농산물 판매 생협을 더 이상 계속할 필요가 있을까? 아니라고 생각한다. 이제 이 같은 생협은 문을 닫아야 한다고 생각한다. 새롭게 발생하는 삶의 문제에 대응하는 새로운 협동조합을 만들어야 한다.

그동안 우리는 어른들로부터 "누구나 자기만 성실하게, 열심히 일하면 잘 살 수 있다."는 말을 들으며 살아왔다. 그런데 이는 맞는 말이기도 하고 틀린 말이기도 하다. 지금 우리나라에서 농사를 열심히 지어도 먹고 살기 어려운 현실은 말할 나위 없고, 직장 생활 열심히 한다고 봉급을 받아 집을 살 수 있을까? 어렵다. 치솟는 기름 값과 보험료 때문에 자동차 몰기가 겁이 나고, 식구마다 하나씩 갖지 않고 살 수 없는 스마트폰 사용료 때문에 살림살이가 점점 팍팍해진다. 점점 심해지는 이상 기온에 의한 자연재해는 순식간에 재산과 생명을 잃기도 한다. 자기만 열심히 일한다고 해결될 수 있는 문제들이 아니다. 진도 앞바다에 꽃다운 생명을 수장시킨 세월호 사건 희생자들은 열심히 사느냐의 문제가 아니다. 세계에서 가장 밀도가 높은 우리나라의 원전 사고 위협은 개인의 삶의 노력과 무관하다. 혼자만 열심히 산다고 해결할 수 없는 새로운 난제들이 점점 늘어나고 있다.

함께 해결해야 한다. 소비자들이 단결하여 정권과 재벌이 결탁하는 유가 정책, 통신 시장을 바로잡고 반전 운동으로 전쟁을 막고 환경 운동으로 지구 온난화에 대처해야 한다. 선거를 아무리 치러도 유권자가 실제 주인이 되는 주민 중심의 정치, 지방자치를 기대할 수 없다. 중앙

정치인들이 지방 정치인들의 목줄을 잡고 중앙 정부가 지방 정부를 이용만 하는 문제를 해결하기 위해서는 정치협동조합, 지방자치협동조합을 만들어 운영할 필요가 있다. 독일의 유권자 단체, 일본 동경생활자네트워크, 가나가와네트워크 같은 지방정치협동조합이 필요하다.

자본주의가 천박하게 발달해 양극화, 무한 경쟁, 약육강식의 피해가 끊이지 않는 현실에서 약자들이 함께하지 않으면 살 수 없는 세상으로 점점 다가가고 있다. 새로운 삶의 문제에 대응하는 새로운 협동조합으로 대처해야 한다.

3장

앞서가는 문화

홍동의 풀뿌리 언론 출판문화

풀무학교 교지와 벽보

풀무학교 학생들은 개교 이듬해인 1959년 3월 교지를 만들었다. 그 교지는 지금까지 60년째 계속되고 있다. 교지 이름이 《풀무》, 《불꽃》, 《새벽별》, 다시 《풀무》 등으로 바뀌고 발행 주기도 연 1회에서 월간, 계간, 격월간 등으로 변화를 거듭했다. 개교와 함께 시작된 풀무학교 교지는 학생 교육은 물론 학교가 자리 잡고 있는 홍동 지역에 중요한 의미를 갖고 있다. 학생 수가 적어 재학생 전원이 글을 써서 학생과 학부모, 학교 후원회원 등 관계자들에게 발송하는 교지는 학생들의 생활 모습과 생각과 꿈을 상세하게 전달하고 있다. 유명 인사 초청 특강 녹취록, 더러는 졸업생들의 글도 덧붙였다. '일지' 페이지는 학교에서 일어나는 크고 작은 일들을 기록했다. 학생들의 음주나 도난, 이성 교제 사건 때문에 수업도 중단하고 하루 종일 회의를 했다는 등 불미스러운 일까지 적나라하게 기록하는 역사책이다.

풀무학교는 2008년 개교 50주년 기념 문집『다시 새날이 그리워』3권을 500페이지로 두툼하게 발행했다. 1권에는 50년 동안 교지에 기록된 일지를 그대로 옮겨 놓았다. 교지는 풀무학교 학생들 삶의 자화상이고, 글쓰기의 훈련장이며, 과거와 현재 그리고 미래를 담는 생각의 샘이다. 풀무학교 교지는 원고 수집에서부터 모든 과정을 학생들이 주도했다. 초창기 교지 편집반 학생들은 밤에 등잔불 밑에서 원지에 긁어 등사기로 찍어냈다. 밀랍을 먹인 원지(原紙)에 문자 등을 철필로 긁거나 그린 다음, 이 원판을 실크 스크린에 밀착시켜 위에서 잉크를 바른 롤러로 밀어 인쇄했다.

교지《풀무》1호는 1959년 3월 30일에 58페이지로 발행했다. 첫 페이지는 편집장 최성관 학생의 머리말부터 나온다.

"우리가 이 교실에서 공부한 지도 벌써 1년이라는 8,760시간이 영원히 우리에게서 흘러갔습니다. 그 시간이 우리들에게 남겨준 것은 무엇일까요. 그것은 특히 우리들의 가슴 속에 품고 있는 새로운 정신 교육만이 각자의 가슴 속에서 새싹처럼 되어 새 나라 전망의 기초가 될 것이라고 믿습니다.

이제 우리가 이 문집 제1편을 내게 되는 것은 그간 우리들의 정신과 마음의 성장을 여실히 보여주는 것이라고 믿습니다. 더욱이 한 사람도 빠짐없이 잘 되고 잘 못되고 간에 다 실리게 된 것은 더욱 기쁜 일이며 우리 작품을 책으로 엮어서 부모님, 선생님, 그리고 우리들이 나누어 가지는 기쁨이란 말로 다할 수 없습니다."

《풀무》1호에는 '우리 고장 조사 보고문'이 학생 공동 조사로 수록돼 있다. 이때 학생들의 조사 발표는 간단한 내용이지만, 홍동면의 현재와 비교해 볼 수 있는 귀중한 자료가 되고 있다. 우리는 이 보고서를 통해 지역에 대한 풀무학교의 관심과 교육 목표를 가늠해 볼 수 있다.

보고문은 홍동의 역사, 면적, 인구, 주산물, 교육 기관, 사적, 좋은 점과 나쁜 점으로 나뉘어 있다. 보고문에는 1958년 12월 말 홍동면에 2,246세대 1만 5,104명이 살고 있는 것으로 조사돼 있다. 홍동면에는 2018년 1월 현재 1,600세대, 3,500명이 살고 있는 현실과 비교해 볼 수 있는 자료다. 58년 만에 77퍼센트인 1만 1,600여 명이 농촌을 등지고 도시로 떠나간 것이다. 그러나 세대수는 646세대 감소한 데 그쳐 농촌의 핵가족화 현상을 볼 수 있는 자료다. 그때는 세대 당 6.72명이 살았으나, 지금은 한 집에 2.21명이 살고 있다는 변화를 읽을 수 있다. 학생들의 보고문은 홍동 사람들의 좋은 점과 나쁜 점을 나열해 놓고 있다. 좋은 점은 "온순하고 순박하다. 동족 촌락 중심이어서 관혼상제 때 협동이 잘 된다."며 두 가지만 들었으나, 나쁜 점은 많이 지적하고 있어 당시 학생들의 생각을 재미있게 엿볼 수 있다. 나쁜 점은 다음과 같이 열거했다.

"온순하고 순박하나 결단성이 없고 내흉한 점이 있다. 말이 느리고 말

끝을 빼 올리기도 하며 사투리가 많다. 아직도 서당이 20곳이나 된다. 아직 동족 촌락 중심으로 양반 상놈을 가르는 일이 많다. 혼인을 할 때면 양반인가 상놈인가를 본다. 미신이 극성을 부려 정초가 되면 더하고 굿을 하는 사람이 많다. 도로 교통이 불편하다. 산림을 마구 베어 낸다. 정신적 자각이 없어 허영된 사치가 늘어간다. 새로운 문화가 들어오면 돈을 아끼지 않고 구경하러 간다."

풀무학교 학생들은 1962년부터 학년마다 제호가 다른 소식판으로 '벽보'라는 걸 만들기 시작했다. 각 학년 교실 앞 복도 벽에 가로 1미터, 세로 50센티미터 정도 크기 게시판을 만들어 A3 크기 모조지에 펜 글씨로 써서 매주 한 번씩 갈아붙였다. 내용은 학급 소식은 물론 전교 소식, 문예물, 더러는 마을 소식, 사설까지 배치한 일종의 신문이었다. 1962년 2학년《대장간》창간호를 보면 다음과 같은 마을 이야기도 나온다.

"지난 3월에 홍동면 구정리에서 주민들이 마을 공동 우물에 용왕제를 지내기 위해 미리 정해진 가정에서 물을 길어왔는데 그 물에 밥풀 등 몇 가지 이물질이 나왔다. 그래서 동네 사람들끼리 싸움이 시작됐다. 부락에서 판단한 결과 제를 지낸 집 주인이 잘못했다고 해 입건됐다고 전한다."

이 같은 풀무학교 교지와 벽보는 학생 교육뿐만 아니라 그 후 홍동 지역 출판문화의 터전이 됐다.

당국에서 금지시킨 풀무학교 국어 교과서

학교에서 벽보와 교지 편집을 경험한 학생들은 졸업 후 지역에서 여러 형태의 간행물을 만들었다. 1~2회 졸업생 10명이 시작한《동녘》은 1961년부터 1968년까지 8년간 펴낸 계간지로 서로간의 생각과 지역 소식을 담아냈다. 농사짓는 사람 5명이 만든《흙의 사람들》은 1962년 2월부터 7년간 펴낸 농업 관계 계간지다. 풀무학교 총동창회는 1978년 9월부터 1985년 3월까지 7년간 월간 잡지《풀무》를 만들었다. 풀무학교 교지가《새벽별》이라는 이름으로 바꿨기 때문에 동창회에서《풀무》이름을 사용했다. A4 크기 16쪽 내외로 매달 펴낸《풀무》는 홍동 지역 소식, 지역의 문화와 역사 등을 골고루 갖춘 내용으로 꾸민 지역 잡지였다.《풀무》는 1985년 5월《홍동소식》창간으로 마감했다. 그 후《풀무》라는 잡지 이름은 다시 학교 교지로 돌아갔다.

홍동에는 이밖에도 기관, 단체마다 정기적으로 나오는 회보들이 수없이 생기고 소멸된다. 홍동중학교의《동녘》, 갓골어린이집 회보, 홍성여성농업인센터 회보, 홍동밝맑도서관 회보 등이 정기적으로 나온다. 월간《아름다운 홍동》, 월간《문당리 오리마을》은 몇 해 발행하다 중단됐다. 2000년 풀무학교 전공부에서 시작한 계간 잡지《지역과 학교》는 지역 농업, 생태 환경, 협동을 중심으로 홍동지역공동체 이야기들로 채우며 2013년까지 발행하다 중단됐다. 마을활력소는《마실통신》이라는 이름으로 인터넷 소식지를 만들어 이메일로 발송한다. 홍동에는 이밖에 주민들이 쓴 단행본 책들이 쉴 새 없이 쏟아져 나오고 있다. 홍동지역공동체 형성의 밑바닥에는 이같이 활발한 말과 글이 있다. 그 뿌리는 풀무학교의 교지와 벽보, 국어 수업 등 인문학 교육에서 찾을 수 있다고 본다.

풀무학교 초창기 국어 교육은 학교에서 자체 편집한 『교양 국어』 1, 2, 3권을 교과서로 가르치고, 문교부에서 만든 일반 국어 교과서는 부교재로 사용했다. 학교에서 편집한 『교양 국어』에는 국내외 유명 필자들의 글이 많이 수록돼 있었다. 1학년 국어의 경우 함석헌을 비롯해서 링컨 미국 대통령까지 50명의 시와 논문, 수필 등이 수록돼 있다. 1학년 국어 첫 장은 '풀무학교에 들어와서'라는 단원 아래 설립자 이찬갑과 주옥로 등 학교와 관련된 인물들의 글로 시작된다. 2학년 국어 첫 단원은 '내 고장 홍성'이며, 3학년 국어 마지막 장은 '앞날을 내다보며'라는 단원 속에 스위스의 성자로 불리는 칼 힐티의 '우리가 무엇을 할 것인가', 그리고 풀무학교 설립자 주옥로의 '창업(졸업)의 말씀'으로 마무리 된다.

이 『교양 국어』는 한 지방 신문에서 "국정 교과서를 거부하는 학교"라는 비판 보도가 나온 뒤 교육청의 제지로 중단됐다. 『교양 국어』를 편집한 홍순명 교사는 국내외 사상가들의 글을 많이 소개해 학생들에게 열린 생각을 갖게 했으며, 문장이 수려한 작품보다 생활 글쓰기 실천 교육을 많이 했다. 뒤에서 설명할 《홍동소식》과 《홍성신문》 창간에 대해 "다른 지역에서 보기 드문 향토지", "전국 최초의 지역 신문" 등 언론에서 평가한 의미를 홍동 사람들은 알지 못했으며 관심도 없었다. 그들은 공동으로 일을 하고 협동조합을 운영하면서 필요하기 때문에 그냥 한 것이다. 홍동의 언론 출판물은 일을 효과적으로 하기 위한 삶의 자연스런 수단이었던 것이다.

지역 소식으로 발전한 졸업생 소식지

1979년 12월 24일, 풀무학교 설립자 중 한 사람인 주옥로가 60세 회갑을 맞았다. 제자들이 스승의 회갑 기념 문집을 만들어 증정하기로 했다. 회갑 1년을 앞둔 1978년 8월 27일 서울역 그릴에서 전국의 졸업생 17명이 만나 '주옥로 선생 회갑 기념 문집 편집 위원회'를 구성했다. 실무 책임을 맡은 이번영은 이를 위해 9월 7일부터 일주일 동안 대한출판문화협회에서 주관하는 편집자 연수 교육을 받았다. 이 연수 교육은 그 후 출판사 '시골문화사' 설립 운영과 지역 신문 창간에 이르기까지 큰 도움이 됐다. 1년 후 주옥로 회갑 기념 문집이 『진리와 교육』이라는 제목으로 567페이지 두툼한 양장본으로 나왔다. 내용은 주옥로가 평소에 쓴 글과 제자들의 글을 모았다. 책을 만들기 위한 발행비 300만 원 모금, 원고 수집, 추진 경과보고 등을 위해 회보를 만들기로 했다. 1978년 9월 15일 이렇게 해서 회보 《풀무》지가 태어났다. 《풀무》지는 그 후 1987년 3월까지 8년 6개월간 70호를 만들었다. 《풀무》지는 졸업생들의 소통과 단결을 위한 동맥이었으며 마을의 역사책이 됐다.

《풀무》지 내용은 졸업생들의 활동 소식이 주를 이루었는데, 그들의 주요 활동 공간이 홍동 지역이었기 때문에 자연스럽게 지역 소식이 많이 들어갔다. 이 지역 소식들은 40년이 지난 현재 중요한 기록 자산이 되고 있다. 16절지 4페이지 내지 16페이지로 그때 필요한 만큼의 분량으로 만들었다. 창간호와 2호는 손으로 쓴 펜글씨를 마스터로 인쇄했으며 3호부터 공판 타자기를 사용했다.

  창간호 내용을 더 들어가 본다.《풀무》제호 왼쪽에 "진리의 공동 생산" 부제가 붙고 오른쪽에 발행처 주소가 있는데 서울시 도봉구 미아2동 762-21번지 풀무학원 수업생회로 표시했다. 당시 동창회 사무실로 사용했던 서울 미아동은 최태사 풀무학교 이사장의 일심의원 주소다. 마지막에 배치한 '편집실'에서는 "본지는 풀무학교 졸업생을 중심으로 학교와 직접, 간접으로 관계하고 있는 모든 분들의 사랑의 공동체 형성, 진리의 공동 생산을 도모하고자 출발했습니다."라고 발행 목적을 밝혔다. 창간호 톱뉴스는 주옥로 회갑 기념 문집 발행 계획이며 네덜란드 기독교 단체인 와일드 기스(wild geese)에서 보내온 300만 원으로 모교에 15평 유리온실이 준공됐다는 소식이 올라와 있다. 와일드 기스라는 단체는 그해 7월 27일 네덜란드 국영 텔레비전에 한국 풀무학교 교육 소개와 함께 유리온실 건축 기금을 모금한다고 내보내자 일주일도 안 돼 목표액이 초과됐다는 소식이다. 일본에서 연수 중인 5회 졸업생 주정배의 편지글과 일본 파견 농업 연수생 모집 광고도 나왔다. 매 호 마지막 페이지에 고정시킨 '대장간' 코너는 뉴스 뒷이야기와 국내외 시사 문제에 대한 편집자의 촌평이 수록됐다.《풀무》지는 졸업생 소식을 넘어 홍동 지역 전체 소식과 교양으로 지구적인 시야를 넓히는 성격의 잡지였다고 볼 수 있다. 특히 8년 반에 걸친 발행 기간 중 홍동의 역사와 문화, 세계의 지역사회, 국내외 위대한 평민 이야기를 각 10회씩 연재로 수록해 독자의 호평을 받았다. 각 주제별 게재 시기와 제목을 보면 다음과 같다.

홍동의 역사와 문화

(1981년 7월부터 1982년 4월까지 10회 제목과 내용)

1. 이희도와 성낙봉: 1919년 3.1운동 당시 홍동면 신기리 만경산에서 봉화를 올리며 만세 운동을 하다 희생된 이희도와 성낙봉을 비롯한 홍동 지역 독립운동가들의 생애와 활동.

2. 창주사와 도광재: 1224년 주자의 증손 청계공 잠(潛)이 조정 권신들의 몽고 침입군에 대한 주화(主和) 주장을 개탄하다가 해외의 청구(한국)는 예의 나라니 가서 거하리라고 철학사와 함께 뱃길로 한국 나주로 간 남주지파가 홍동 운월리로 와 정착한 신안 주씨들이 창주사를 지어 제향을 지내고 있는 이야기.

3. 전운상과 보라매: 신기리 전병만이 보관 중인 선조 전운상 영정과 해골선 이야기. 이순신 장군보다 100년 뒤 전라 좌수사 전운상이 거북선의 불편한 점을 개선해 해골선을 만들어 국방사상 빛난다는 이야기. 홍동면 신기리에서 보관 중인 전운상의 영정과 해골선 모형 등은 그 뒤 홍성역사박물관으로 옮겨 보관 중.

4. 이름 없는 평민들: 금당리 유헌풍, 유상봉, 구정리 경주김씨, 효학리 이훈, 화신리 밀양박씨, 대영리 이홍조, 구정리 최병종 등 효자, 효부, 열녀, 구국 등의 분야에서 전해오는 이름 없는 홍동의 평민들 이야기.

5. 홍동의 비석들: 홍동의 각 마을에 세워진 비석들 내용.

6. 홍동의 지방자치: 1952년 3월 전쟁 중에 실시한 지방선거의 초대부터 1959년 3대까지 선출된 홍동면 지방의원들.

7. 홍동의 전설: 구정리 용모퉁이 용에 관한 전설을 비롯해 신기리 암소고개 만경산, 금평리 지장골 지장보살 등 홍동의 전설.

8. 홍동의 생활문화: 음력 정월과 추석의 세시 풍속.

9. 홍동의 지명: 예부터 전해 내려오는 홍동면 각 마을 이름의 유래.

10. 홍동의 학교와 교회: 홍동초등학교와 홍동중학교, 풀무학교 설립 이야기. 1919년 홍성군에서 두 번째로 설립된 금당리 금당성결교회를 비롯한 면내 각 교회 역사.

세계의 지역사회

(1982년 5월부터 1983년 3월까지 10회 제목)

1. 서독에는 농촌이 없다
2. 덴마크: 먼저 사람들이 있었다
3. 이스라엘: 키부츠, 의도적인 마을
4. 이태리: 제3경제의 위력
5. 인도: 꿈을 가진 사람들

6. 제3세계: 우리 길을 가련다

7. 미국: 거대한 것의 밑뿌리

8. 중국: 국가필수부강 민중필수균부(國家必須富强 民衆必須均富)

9. 프랑스: 누가 아름답다고만 했는가?

10. 브라질: 밟혀도 자라나는 풀뿌리 공동체

이런 평민이

(1983년 6월부터 1984년 10월까지 10회 보도 제목)

1. 조지 워싱턴 카버

2. 로치데일의 공장 노동자들

3. 미야자와 겐지

5. 아씨시의 프랜시스

(4, 6, 7, 8회 잡지가 남아 있지 않아 파악 불가)

9. 시몬느 베이유

10. 이찬갑

《풀무》지는 1984년 4월, 61호부터 발행처를 '시골문화사'로 바꾸며 격월간 내지 계간지로 전환한다. 16페이지로 늘려 그때그때 당면한 주제로 특집을 꾸며 깊이 있는 분석과 대안을 제시했다. 졸업생 회보를 출판사 잡지로 바꾼 것은 '풀무' 울타리를 넘어 홍동 지역사회로 활동의 폭을 넓히겠다는 야심으로 발전한 것이다. 시골문화사는 1981년

11월 2일 홍성군 1호로 등록된 출판사다. 시골문화사는 "농촌에 청신한 문화를 재생시키고자" 설립했으며 농촌, 교육, 협동 운동과 관련된 서적을 펴내고자 했다. 1983년 이찬갑 글 모음집 『산 믿음의 새 생활』을 시작으로 노평구 전집 『종교와 인생』, 칼 힐티의 어록집 번역 『건축의 벽돌』, 혜전대 교재 등을 발행했다. 《풀무》지 편집부는 발행처를 풀무학교 총동창회에서 시골문화사로 바꾼 이유를 '간행에 대한 안내 말씀'이라는 제목으로 다음과 같이 밝힌다. 이 안내문에는 학교에서 배운 이상과 냉엄한 현실 사회의 간극에서 부닥치는 고뇌에 대한 고백과 홍동 지역사회를 통해 구현하려는 이상 사회를 위한 도전적인 각오가 묻어 있다.

"풀무학교 졸업생들은 정직과 신앙으로 세상을 살라는 가르침을 받고 사회에 나왔으나 우리 사회는 그런 사람이 어울리기가 쉽지 않았습니다. 삶이 고달플 때마다 학교의 가르침이 더욱 그리워졌고 그런(사회와 어울리지 못하는) 우리들끼리라도 어울리고 싶었습니다.

우리가 농촌을 둘러메고 고향을 사랑하며 사회를 밝게 만들며 개인적인 삶이 아니고 공적으로 살라는 가르침을 받을 때 모두 손잡고 함께 일하자고 맹세했지만 세월이 지나면서 각자 흩어지는 우리를 느꼈습니다.

그런 가운데 소식지 '풀무'가 만들어지기 시작했습니다. 소식지는 전국에 떨어져 있는 친구들의 소식을 전하고 풀무의 교육 이념을 어떻게 현실에 실천되는가 지켜보았습니다. 700여 명에게 한 달에 한 번씩 60회를 전해드렸습니다. 판을 거듭할수록 소식지에 대한 요구와 사명이 추가되었습니다. 표지에 내걸고 있는 '진리와 평화의 공동체 육성'은 풀무의 범주를 넓혀 지역 속에 들어가 주민과 함께하고 풀무 교육에 관심 있는 많은 사람들의 요구를 접수하게 되었습니다. 그건 풀무가 바라는 일이고 지역이 풀무에 기대하는 내용이기에 자연스러운 발전이라고 생각합니다.

이런 요구에 부응하기 위하여 소식지는 제목과 발행처를 바꾸고 내용과 체제, 집필진을 대폭 강화하여 새 모습으로 단장하였습니다.

우리에게 관심 있는 문제에 대하여 하나하나 여러 사람의 글을 모아 펴내고자 합니다. 본지는 가능하면 한 달에 한 번씩 내서 그달의 홍동 소식을 게재하고 홍동에 고향을 둔 출향인의 글, 연재물, 광고 등을 엮어 주민이 이웃과 하나 되어 공생의 사회를 실현하는 바람직한 수단이 되고자 합니다. 풀무학교, 각 협동조합, 마을들을 중심으로 한 홍동을 무대로 하게됨을 이해하여 주시기 바랍니다. 모든 이의 마음의 고향 홍동이라는, 교통이 불편하고 경제적, 사회적, 문화적으로 뒤떨어진 지역에서 눈으로 보고 손으로 만질 수 있게 만들어야 한다는 노력들이 본지를 통해서 전달되기 바라는 바입니다."

이후 잡지는 '풀무'를 작은 글자로 귀퉁이에 밀어 놓고 매호 다른 제목을 붙였다. 잡지로 바꾼 첫 호는 '소비자협동조합을 움직이는 이치와 풀무소협의 맥을 짚는다'였다. 1980년 전국 최초의 지역 소비자협동조합으로 출발한 풀무소비자협동조합이 3년 만인 1983년 봄에 경영난으로 문을 닫게 되자 12월에 같은 이름으로 다시 결성한다. 이런 환경에서 잡지는 풀무소협의 창립과 실패 과정을 소상하게 다루었다. 아울러 협동조합의 역사와 원리, 필요성, 원칙 등을 종합적으로 설명했다. 1984년 5~6월 가정의 달은 '어떻게 지역사회 안에 건전한 가정을 이룰 것인가'를 주제로, 1984년 10월은 지방자치 특집을 만들었다. 그런데 이 지방자치 특집이 문제가 돼 다음해 《홍동소식》 강제 폐간의 원인으로 작용했다. 월간으로 시작한 《풀무》지는 1984년 잡지로 바꾸면서 격월간, 계간으로 늦춰 만들다가 《홍동소식》이라는 새로운 매체가 등장하면서 지역에 대한 사명을 인계한다.

《홍동소식》 창간과 강제 폐간

1980년 5월 20일 홍동에 풀무소비자협동조합이 만들어졌다. 이 조합은 그러나 창립 3년 만인 1983년 감당하기 어려운 적자로 위기에 직면한다. 비상 대책 위원회를 꾸려 조합을 해산하고 다시 창립했다. 조합 관계자들은 실패 원인을 자금과 경영, 기술 부족 그리고 조합원들의 주인 의식 부족에 따른 비협력 때문으로 분석했다. 조합과 조합원의 소통, 교육의 중요성에 절감했다. 풀무소비자협동조합은 1985년 5월 15일 회보 《홍동소식》을 만들기 시작했다. 조합과 조합원의 소통, 교육의 가장 효과적인 수단은 정기적으로 만들어 나눠보는 뉴스레터라고 생각했기 때문이다. 회보는 제호를 '풀무소비자협동조합 회보'라고 하지 않고 '홍동소식'으로 붙였다. 조합은 조합원뿐만 아니라 지역 전체의 발전에 기여하고, 소식지는 이를 수행하는 수단이 되고자 했기 때문이다. 소식지 규모는 16절 모조지에 8페이지 내지 16페이지씩 만들어 일반 면민들과 출향인에게도 보냈다. 이 작은 소식지 창간호 권두문을 보면 당시 이들이 품고 있는 홍동에 대한 꿈과 포부가 어느 정도인지 엿볼 수 있다.

《홍동소식》 창간호 권두문

"이 홍동소식은 풀무소비자협동조합 회보로 발행합니다. 협동조합이란 조합 자체를 위해 생기고 운영될 수만은 없다고 생각합니다. 조합원을 위할 뿐만 아니라 조합원이 살고 있는 지역사회 전체의 발전을 위해서 조합이 만들어지고 운영되어야 할 것입니다.

본지는 한 달에 한 번씩 홍동 지역의 여러 소식을 고루 전하고자 노력하겠습니다. 또 주민의 상식과 교양을 늘릴 수 있는 좋은 글과 안내, 모두가 알아야 할 광고 등을 곁들이고자 합니다.

우리 몸에 피가 제대로 순환해야 건강을 유지하듯 의사소통은 신체의 피돌이에 비유할 수 있습니다. 홍동소식은 홍동의 원활한 의사소통을 돕는 지방지 또는 지방신문처럼 꾸밀 계획입니다.

지역 발전에서 일차적으로 중요한 것은, 우리는 홍동에서 늘 얼굴을 맞대고 사는 이웃이라는 사실을 바로 아는 일입니다. 이웃이 없이 내가 살 수 없고 나는 이웃에게 도움이 되어야 한다는 사실을 인식해야 하고 그런 속에서 공동체 의식과 협동은 무르익어갈 수 있을 것입니다.

이달에 홍동에서는 매우 슬픈 일이 일어났습니다. 며칠 전 홍성 가는 역제 건널목에서 운월리 강사영 씨 승용차가 기차와 충돌하여 함께 탔던 영생약방 이배식 할아버지가 돌아가시고 강 씨 부부가 크게 다쳐 중태입니다. 그 건널목에는 몇 해 전에도 홍동의 경운기가 기차와 충돌해 여럿이 숨지는 등 사고가 잦은 곳입니다. 그 건널목은 간수가 아침에 출근했다 저녁에 퇴근하며, 건널목 좌우에 집이 한 채씩 있어 운전자 시야를 가려 항상 사고 위험이 높은 문제점을 갖고 있습니다.

이런 큰 사고는 당연히 신문에서 보도하고 문제를 제기해야 할 필요가 있으나 신문에 보도되지 않았습니다. 만약에 우리에게 중대한 이런 일이 서울이나 대전에서 일어났다면 그렇지는 않았을 것입니다.

이와 같이 홍동소식은 우리 홍동이 안고 있는 문제를 찾고 가능한 대로 해결하기 위해 여론을 모으고자 합니다.

서울과 도시의 격차는 여러 가지 있지만 견디기 어려운 것 하나는 시골에 문화가 없는 일입니다. 본지는 홍동 주민이 이웃을 서로 알고 하나 되게 하는 데 기여하고 시골에 청신한 문화를 형성해 나가는 데 도움이 되고자 합니다."

《홍동소식》의 내용은 조합과 관련된 소식과 안내, 홍동 지역 소식, 지역과 협동에 관한 이론과 정보, 사설, 독자의 글, 광고 등으로 짜여졌다. 《홍동소식》은 쉬운 우리말 사용을 위해서도 노력했다. 고정 코너의 형식 제목을 보면 사설은 '동네 분들에게', 칼럼은 '쉴참', 독자의 글은 '평민의 속생각' 등으로 붙여 사용했다. 1986년 3월호는 3.1절 특집으로 홍동의 기미년 독립 운동사를 추적했다. 특히 홍동에서 만세 운동을 하다 붙잡혀 홍성경찰서에 구속 중 탈출에 성공해 만주로, 일본으로 피해 다니다 2년 만에 돌아온 신기리 조용준 옹을 찾아내 인터뷰 기사를 내보냈다. 당시 88세인 그와 인터뷰한 내용을 옮기면 다음과 같다.

"1919년 내 나이 스물한 살이었네. 나라를 찾게 되나 싶어 집집마다 일꾼 얻으러 다니듯 사람을 모았지. 만경산에 올라가 만세를 부르는데 나는 횃불을 들고 있었어. 어디선가 총알이 날라 왔는데 내 겨드랑이로 빠져나가 성낙붕 씨가 맞았어. 우린 모두 붙잡혀 홍성경찰서에 갇혔지.

첫날 곤장 60대를 맞고 매일 하루 30대씩 맞는데 아픈 건지 감각이 없더군. 이러다 죽을 것 같다는 생각이 들었소. 8일 만에 탈옥하고 말았다오. 탈출하는 데는 김용제란 한국 순사가 도와주었지. 겁이 나서 집에 올 수 있나. 그 길로 천안을 거쳐 40일 만에 의주까지 도망쳤소. 압록강가에서 일본 헌병 감시를 피해 며칠을 기다리다가 어느 날 밤 열두 시 막차가 떠나자마자 압록강 철교를 기어서 건너갔네. 긴 철교를 거의 건너가 이제 살았구나 생각됐을 때, 갑자기 덴찌(후라쉬) 불이 눈앞에 딱 들이대는데 앞이 캄캄하더군. 일본 헌병이었어. 이제 죽는구나 생각돼 고기값이나 하고 죽어야겠다 맘먹고 갑자기 엎드려 큰 돌을 하나 들어 그를 쳐서 쓰러뜨리고 목을 두어 번 밟아버렸지.

철교를 건너 갈대 숲속으로 도망갔다가 산으로 산으로 감자 캐 구워 먹으며 용전촌이라는 데 들어갔소. 한국 사람을 만났는데 전주 이씨였고 반겨주더군. 그 집에서 며칠 있는데 하루는 술 마시러 가자고 해 조선인 술집에 가 술을 거나하게 마셨어. 그런데 그가 내 신분에 관한 걸 여러 가지 묻더군. 살기 어려워 돈 벌러 왔다고 했어. 옆에 앉은 아주머니가 내게 아랫목을 보라는 듯 눈짓하는 거야. 슬쩍 쳐다보니 벽에 작은 구멍이 하나 있어. 화장실 간다고 나와 보니 헌병 구두가 보이는 거야. 그 길로 도망쳤네. 뒤에 들은 이야긴데 그 집에서 그런 식으로 잡혀 죽은 사람이 40명이 넘는다더군.

중국 태화란 곳으로 갔네. 거기도 헌병이 노랗게 깔려 있더군. 김좌진

장군을 찾아가려 애써 보았지만 아무도 그분 있는 곳을 모른다네. 일본 본토로 건너가야 조사가 덜 하다는 거야. 일본 북해도로 갔다가 경도에 들어가 막 일을 하다 2년 만에 돌아왔소."

이 기사는 그 후 대전일보와 KBS가 받아 보도로 이어져 조용준이 지역의 독립운동가로 대우받는 성과를 낳게 했다.

《홍동소식》은 1986년 6월부터 발행처를 시골문화사로 바꾼다. 소식지는 발행처를 바꾼 이유를 다음과 같이 설명했다.

"본지는 더욱 공정하고 바른 지역의 공기(公器)가 되고저 발행처를 시골문화사로 바꾸고 다음과 같이 편집 위원회를 구성하여 여러 분야를 맡았습니다.

권오섭(풀무신협): 일반 사회, 체육 기타 소식

김성호(홍동농협): 농협, 영농 소식

권호헌(홍동면사무소): 홍동면 행정 소식

전병두(홍동초등학교): 교육, 청소년 소식

이영환(금당농협): 금당리 쪽 지역 소식

주형로(문당리, 농업): 농업 관련 소식

주정선(월현리, 농업): 농업 관련 소식

안재인(화신리, 농업): 농업, 종교계 소식

한명석(운월리, 여성): 여성 및 예능계 소식. 4페이지 편집

신관호(금평리, 농업): 향토 문화 관련 자료 조사 편집

홍순명(풀무학교): 칼럼 쉴참 집필

이번영(풀무소비자협동조합): 발행 겸 편집

우리는 이 간단한 안내 글을 통해 여러 가지를 볼 수 있다. 첫째, 협동조합 회보에서 본격적인 지역 언론으로 발전한 것이다. 글을 쓰는 편집 위원들을 보면 면내 초·중·고등학교 교사와 면사무소 공무원, 농협 직원 등이 다수 포함돼 어느 유능한 개인이 아닌 평민들의 공동 작품임을 과시하고 있다. 순수 농민이 4명으로 가장 많다. 12명 중 여성은 1명이었다.

《홍동소식》은 1985년 6월부터 '우리 마을 이야기'를 연재했다. 각 마을의 역사와 현재, 인물, 특징 등을 현지 취재했다. 15회에 걸쳐 연재한 마을은 다음과 같다. 마을 이름 앞에 붙은 수식어를 통해 그 마을의 특징을 설명하고 있다.

동성동본 전국 최대 마을, 운곡

홍동의 서울, 송펭이

도서관 마을, 화신리

청주이씨 마을, 금평리

옛 면 중심지, 월현리

축산으로 부촌 이룬 홍원리

역마을 터와 독립운동을 했던 원천리

오봉산 밑 인물 밭, 문당리

효도 마을, 효학리

기관이 많은 금당리

구정리

백석암의 정성, 수란리

만경산 아래 동네, 신기리

홍동 교육의 산실, 팔괘리

1986년 10월, 이 연재를 마무리하면서 다음과 같은 뒷이야기와 설명을 붙였다.

"본지는 지난해 6월부터 홍동면 각 부락 역사와 문화, 현황, 문제점, 바람직한 방향 등에 대해 15회에 걸쳐 살펴보았다. 자료는 한국지명총람 홍동편, 홍성군지, 홍성실록, 홍주소식, 각 성씨들의 족보, 풀무지를 토대로 하고 각 마을의 어른, 기타 관계자들의 증언을 들었다. (…)

한 부락을 취재하는데 보통 2~3일이 걸렸다. 그러나 시간 부족 등으로 표면적인 것밖에 알기 어려웠다. 중요한 자료나 증언을 지면에 옮길 수 없는 것들도 있었다. 특히 6.25 전쟁 전후 좌·우익 문제로 인한 비극적 이야기들은 오늘 시대와 연결된 것이기 때문에 발생할 수 있는 상처와 문제점을 가상하여 기사화할 수가 없었다.

우리나라 어디나 비슷하지만 홍동에도 처음 한 부락이 형성될 때는 도시에서 벼슬을 살거나 지체 높은 분들이 무슨 연유로 낙향하여 그를 중심으로 한 마을이 형성된다. 이는 한 인물이 얼마나 큰가를 생각하게 만든다. 따라서 남아 있는 기록이나 전설들은 대개 조상 중 벼슬했던 사람들 주변 이야기나 인간 극기의 효도에 관한 것이 대부분이다. 즉 상류 사회에서 민중을 지배하고 살다 간 사람들의 이야기만 남아 있다. 가난한 농민, 평민들이 힘을 모아 이루었던 이야기나 그들이 한 시대를 살며 가치 있고 보람 있게 역사에 기여한 일들은 자료를 포착하기 힘들었다. 그들이야말로 역사의 참 주인공인데… 기록으로 남긴 것이 너무 없었다.

우리는 이제라도 많은 것을 기록으로 남겨야 된다고 생각됐다. 송풍마을 삼일각의 경우 일제강점기 신사를 참배하던 건물을 해방되면서 헐어버리고 주춧돌을 밑에 홍동에서 독립운동하다 간 영령들을 위로하는 비각을 건립했다. 이를 주관한 홍동노인회는 이 같은 비각 건립에 관한 연유 등 자료를 영구 보존이 가능하게 만들어 비각 밑 땅 깊숙이 묻어 노인들의 앞을 내다보는 역사의식을 엿볼 수 있다.

《홍동소식》은 '알림'을 통해 우리 마을 이야기를 더 보완하고 보충해 책자로 펴낼 계획이며, 다음호부터 '홍동 개발 대토론' 기획물을 연재로 내보내겠다고 예고했다. 그러나 이 약속은 지킬 수 없었다.《홍동소식》은 다음호에 종간호를 내고 펜을 놓았기 때문이다.

홍동소식을 끝내며

성탄과 새해를 앞두고 홍동소식 독자 여러분 위에 하나님의 은총을 빕니다.

그동안 여러분의 아낌을 받으며 매달 펴내던 '홍동소식'지가 더 이상 나오지 못하게 됐음을 알려드립니다.

지난 10월 24일 홍성군청으로부터 "귀 회에서 발행하는 정기간행물은 언론기본법 제20조의 규정에 의하여 문화공보부에 등록 절차를 이행한 후 발행하여야 하므로 (중략) 통보하오니 조속히 이행하여 주시기 바랍니다"라는 공문을 접수하였습니다. 또 정기간행물 발행에 관한 군청의 조치 계획은 "이에 불응 시에는 언론기본법 제52조에 의거 관계 기관에 고발코저 합니다."라는 단서와 법적인 제재를 받을 경우 2년 이하의 징역 또는 300만 원 이하의 벌금에 처한다는 법규가 복사 첨부되었습니다.

11월 13일 본지는 모든 관계 구비 서류를 갖추어 군청을 경유 문공부 장관에게 정기간행물 등록 신청서를 제출했습니다. 12월 4일 문화공보부장관은 "등록신청서를 검토한 바 적합하지 않다고 사료됨을 회신하오니 양지하시기 바랍니다"는 공문과 함께 서류를 반송해 왔습니다.

본지는 편집 위원회와 지역 주민 20명으로 대책 위원회를 구성해 몇 차례 논의했으나 현재 상황에서 더 이상 계속하기가 어렵다고 판단, 홍동소식을 중단하기로 결정했습니다.

홍동소식은 홍동에 거주하는 주민과 홍동에 고향을 두고 외지에 나가 살고 있는 출향인들에게 홍동 내 이웃의 궁금한 소식을 전하고 고장의 역사와 문화를 발굴하여 지역에 대한 유대감과 긍지를 높이며 각종 안내와 교양을 높이는 글을 실어 지역사회 발전에 도움을 주고자 만들었습니다.

홍동소식은 지난 1985년 5월부터 1986년 10월까지 17개월 동안 한 달에 한 번씩 750여 명의 지역 주민과 출향인에게 보냈습니다. 처음에는 소수가 나누어 보았지만 횟수를 거듭하는 동안 홍동소식을 기다리는 사람과 관심 있는 이들이 늘어간 것입니다. 편집부에서는 한두 사람이 만드는 것보다 여럿이 동참해야겠다고 생각, 면내 각 계층별로 한 사람씩 선정, 10명의 편집 위원을 구성, 매월 모임을 갖고 전 호의 검토, 다음 달 편집 계획, 취재 분담 등으로 명실공이 지역 언론의 공평한 공기(公器)로 발전시키고자 노력했습니다.

이런 보도 매체는 지역사회 발전에 가장 중요한 역할을 담당한다고 우리는 믿고 있습니다. 이런 지역 신문을 통해 우리는 지방 정부의 정책 내용부터 이웃의 출생, 결혼, 사망에 이르기까지 우리 생활과 직접 관련된 크고 작은 일들에 대하여 알고, 문제점과 개선 방향을 찾아나가며 협동을 통한 지역 발전에 기여한다고 믿고 있습니다. 홍동소식은 사실상 그렇게 못해 늘 아쉬운 마음이었지만 많은 독자들로부터 다른 지역에서 볼 수 없는 앞서가는 홍동의 자랑거리라고 과찬의 말씀을 자주 보내주셨습니다.

외국에는 지역 신문이 왕성하게 지역 민주주의를 대변하고 있다고 듣고 있습니다. 몇 년 전 미국의 전 언론계가 선망하는 퓰리처상 공공봉사 공로 부분 상을 탄 미국 샌프란시스코 북쪽 65킬로미터에 있는 웨스트마린 카운티 '포인트레이스라이트'지는 접었다 폈다 하는 책상 한 개, 배불뚝이 난로 한 대, 낡은 인쇄기 한 대로 1,700명의 독자에게 주간으로 발행, 이웃의 이야기를 오순도순 보도하고 큰 언론 기관도 손 못 댄 문제를 파헤쳐 주민에게 밝은 빛을 주었다고 합니다.

세계적인 협동조합 운동가와 지역사회 개발 지도자를 양성해오고 있는 캐나다의 동쪽 끝에 있는 작은 마을 '안티고니쉬'가 그런 역할을 해낼 수 있게 되는 것 중 중요한 이유 하나가 철저하게 그 동네 이야기로 채워져 매주 발행되는 지역사회 신문 때문이라고 합니다.

세계의 많은 지역 주민들은 도시에서 발행되는 중앙지보다 지역사회 신문을 더 즐겨 읽고 있다고 합니다. 지역사회 잡지나 신문은 멀리 떨어져 있는 중앙지에서 취급할 수 없는 자기들의 이야기, 자기들의 문제를 알리고 개척해 가기 때문입니다.

현행 우리나라 언론기본법은 1980년 12월 31일 국가보위입법회의가 마련한 전문 7장 52개조로 돼 있습니다. 이 언기법은 우리가 의원을 뽑은 국회에서 제정한 것이 아닙니다. 지난 11일 대한변호사협회에서 주관한 언기법에 대한 토론회에서 전 한국일보 논설위원 김용규씨는 "지난 80년 언기법이 발의, 제정, 공포되기까지 합의 및 논의 과정이 전혀 없었다"고 전제, "정당한 논의 과정이 배재된 채 제정된 이 법은 언론자유의 보장이라는 측면에서 개선책이 강구돼야 할 것"이라고 주장했습니다(조선일보 12월 12일 참조). 또 고려대 구병삭 교수도 금년 신동아 11월호에서 "현행 언론기본법은 대폭 개정하든가 폐지하는 편이 바람직하다"며 그 이유를 여러 가지 들고 있습니다.

홍동소식 같은 것을 발행하려면 문공부장관에게 등록해야 한다고 규정한 조항은 언기법 제20조이고, 동법 24조에는 등록한 후에도 이러이러한 때에는 등록을 취소하거나 발행 정지를 명할 수 있다고 규정돼 있습니다. 이에 대해 위 토론회 주제 발표에 나선 양건 교수(한양대 법대)는 "현행 언기법이 갖고 있는 중대한 언론 자유 침해 사항은 사전 제한 조항인 등록(20조) 및 사후 제한 조항인 등록 취소(24조) 규정"이라고 주장하고 있습니다.

법이 잘못됐다는 문제에 대해 깊이 따질만한 능력은 지금 우리에게 없습니다. 사실상 우리는 이런 법이 있었고 홍동소식 같은 데도 적용하는지도 몰랐습니다. 이번에야 언기법이란 것에 대해 조사를 해 본 것입니다. 군청에서 복사 보내준 언기법 시행령 제5조를 보면 제2항에 "문화공보부장관은 제1항의 규정에 의하여 등록을 한 자에게는 정기간행물 등록증을 교부하여야 한다"고 돼 있습니다.

적법한 서류를 갖추어 정기간행물 등록을 신청하면 문공부장관이 등록증을 내주는 것은 의무 규정으로 해석됩니다. 문공부장관이 하자 없는 등록 신청에 대해 거부하는 것은 위법인 셈이지요. 이번 홍동소식의 정기간행물 등록 신청에 대해 뚜렷한 이유 없이 막연히 "적합하지 않다고 사료됨을 회신하오니" 한 것은 이해할 수가 없습니다.

우리나라도 이제 곧 지방자치를 실시한다고 합니다. 지방자치에서 제일 중요한 것 중 하나가 지방 언론이라고 우리는 생각합니다. 홍동소식 같은 것이 자유롭게 등록되고 만들어 나누어 보는 지방 시대가 하루속히 오기를 기다리며 여러분께 아쉬운 인사를 드립니다. 그동안 적극적으로 성원해주신 여러분께 진심으로 감사드립니다.

1986년 12월 20일
홍동소식 편집 위원 및 대책 위원회 대표 이번영 올림

1987년 2월 2일자 《동아일보》는 1면 하단 고정 칼럼 '횡설수설' 난을 통해 《홍동소식》의 사망 소식을 전국에 전했다. 시골 팸플릿 수준에 지나지 않는 소식지가 이 글로 하루아침에 유명해졌다.

"《홍동소식》이란 신문이 언론기본법에 의해 숨을 거둔 사실을 아는가. 아마 해당 지역 주민이나 그걸 받아보는 독자 외에는 까맣게 모르고 있을 것이다. 충남 홍성군 홍동면 운월리에 사는 몇몇 분들이, 이름도 겸손한 '시골문화사'를 차려 내기 시작한 《홍동소식》지는 엄밀한 의미에서 신문이 아니랄 수도 있다. 1985년 5월부터 한 달에 한 번씩 4×6배판 크기의 네 쪽짜리 지면에 '동네 뉴스'를 실어온 이 간행물은 그러나 우리나라에서는 보기 드문 향토지였다는 점에서 큰 의미를 지니고 있었다.

750여 명의 주민과 그 고장 출향 인사들에게 보낸 이 '소식'지는 운영도 아주 합리적이었다. 면내의 각계 인사로 구성된 편집 위원회가 편집 계획과 취재 등을 분담함으로써 지역 언론의 공정한 공기 구실을 다해 왔다. 출생, 사망은 물론 이웃에서 일어난 일을 알리고 소소한 행사나 농정과도 관련된 비판 기사 내용은 고향을 떠나 타관에서 살고 있는 사람들에게는 두고 온 고향 훈김을 쐬게 해 주었다. 현지 주민들에게는 친밀성을 수반한 유대감을 확산되게 만들었다.

그런데 작년 10월 24일, 홍성군청에서 날아온 한 장의 공문은 이 신문의 명맥을 끊는 계기가 되었다. "언론기본법 제20조의 규정에 의해 등록 절차를 이행하여야 한다"는 통보 외에 "이에 불응 시에는 동법 제52

조에 의거 관계 기관에 고발하겠다"는 "친절한" 사후 조치도 첨부되었다. 그런 법이 있는지《홍동소식》같은 매체에도 적용되는지조차 몰랐던 관계자들은 부랴부랴 구비 서류를 갖추어 문공부에 정기간행물 등록 신청서를 제출했으나 결과는 '불허'였다.《실천문학》의 예와 함께 언론기본법의 등록 조항이 사실상의 허가제임을 또 한 번 증명한 꼴이다.

편집 위원과 지역 주민 20명으로 짜여진 대책 위원회는 "현재의 상황에서는 더 이상의 발행이 어렵다"고 판단했다. 마침내 '앞서 가는 홍동의 자랑거리'는 관의 손에 의해 말문이 막히고 언론의 등불이 또 하나 꺼진 셈이다. 까만 테두리로 둘러싸인 지난 12월 20일자《홍동소식》종간호는 그래서 우리를 슬프게 한다. 선진 외국의 마을 신문 수준의 실태를 새삼스럽게 들먹일 것도 없다. 민주 언론의 만사(輓詞, 죽은 사람을 위하여 지은 글. 편집자 주)를 여기서도 읽는다."

《홍동소식》은 사실상 작은 팸플릿 수준에 지나지 않았다. 그런데 이 작은 동네 소식지가 왜 정부로부터 강제 폐간 당했는지 알 수는 없다. 정확한 이유를 말해 주는 이도 없었고, 알려고 노력한 사람도 없었다. 다만 얼마 후에 홍성군청 한 중진 공무원으로부터 '지방자치 특집' 때문이라는 귀띔만 전해왔을 뿐이다. '지방자치란 무엇인가?'라는 제목으로 꾸민 특집은 홍동의 지방자치 역사, 영국, 일본, 인도의 지방자치를 살펴보고 이종성 당시 홍성 지역 국회의원 서면 질문에 대한 답변과 기타 유명 인사들의 글로 채웠다. 그런데 홍성 지역 선거 역사를 설명하는 중, 유신 독재 정치 아래에서 1978년 12월 12일에 실시한 제10대 국회의원 선거에 의혹을 제기하는 주를 다음과 같이 달았다.

"특히 10대 선거는 유신 체제 아래 홍성읍 지구에 기형적인 투표율을 보였다. 선거인이 1만 4,102명인데 투표인이 1만 5,486명으로 112.3퍼센트를 기록했다."

《홍동소식》은 1986년 12월 20일 제호에 검정색 테두리를 굵게 두르고 고별호를 내보냈다.

《홍동소식》이 독재 정권에 의해 타살 당하자, 여러 사람들의 애석한 심정이 담긴 편지가 답지했다. 홍동 출향인 대구지방법원 홍일표 판사는 "홍동소식이 종간을 맞게 됐다니 아쉬움은 이루 말할 수 없으며 그 원인이 당국의 부당한 규제로 인한 것이라는 점에서 실로 개탄과 분노를 금할 수 없습니다. 홍동소식에 대한 규제는 헌법에 보장된 언론 출판의 자유에 대한 침해이자 국민의 알 권리에 대한 탄압이라고 하지 않을 수 없습니다. 우리가 이렇게 부당한 규제를 받고도 그대로 가만히 있어야 할 것인가. 자유와 권리란 원래 주어지는 것이 아니라 싸워서 얻는 것이 아닌가 하는 생각을 하면서 마지막으로 법적 투쟁의 수단이 있음을 말씀드리고 싶습니다."라며 소송에 대한 절차 등을 자세히 써 보냈다. 전남대학교 신문방송학과 김민환 교수는 《홍동소식》은 우리나라 신문사에 기록될만한 사건이라며 자료로 보관하고 싶다고 창간호부터 종간호까지 보내 달라는 편지와 함께 대금을 보내주었다.

《홍성신문》 창간으로 이어져

정기간행물 등록 불허 통지를 받은 《홍동소식》 관계자는 서울 중앙청 문화공보부 담당 부서로 찾아갔다. 구비 서류에 문제가 있는지, 등록 불허 이유가 무엇인지 물었다. 시골에서 온 사람을 아래위로 훑어본 뒤 담당자가 퉁명스럽게 말을 던졌다. "지금 정부의 정책 방향을 몰라서 묻습니까?"

당시는 전두환 정권의 언론 탄압이 사상 유례없이 심하던 때였다. 그러나 《홍동소식》 관계자들과 주민들은 '홍동소식 탄압 대책 위원회'를 꾸려 문화공보부 장관을 상대로 행정 소송을 제기, 법적 투쟁을 벌이기로 의견을 모았다. 당시 우리나라 정기간행물 등록을 규정한 법률은 언론기본법이었다. 그 법은 제20조 2항에서 "문화공보부 장관은 제1항의 규정에 의하여 등록을 한 자에게는 정기간행물 등록증을 교부하여야 한다."라고 돼 있다. "교부할 수 있다."가 아니라 "교부하여야 한다."라는 의무 조항이다. 그 후에 개정돼 지금까지 사용하고 있는 정기간행물 등록 등에 관한 법률도 마찬가지다. 언론 출판 자유는 헌법에서 보장하고 있다. 우리나라 헌법 제21조는 ① 모든 국민은 언론·출판의 자유와 집회·결사의 자유를 가진다. ② 언론·출판에 대한 허가나 검열과 집회·결사에 대한 허가는 인정되지 아니한다라고 명시

하고 있다. 그럼에도 불구하고 이 등록 조항은 사실상 허가제로 운영돼 문공부 장관이 헌법과 법률을 위반했던 것이다.

그 당시 창간한《한겨레신문》도 같은 문제에 부딪쳤다. 1988년 수만 명의 국민 주주를 모아 주식회사를 설립한《한겨레신문》은 창간 기금 50억 원을 만들고 기자를 뽑아 사무국을 차리는 등 법적 요건을 다 갖췄으나, 뚜렷한 이유 없이 등록필증이 안 나왔다. 전 직원이 머리띠와 어깨띠를 두르고 광화문 네거리와 명동에 나가 "한겨레신문 등록증을 교부하라"고 외치며 시위를 했다. 창간 20여 일을 남겨 놓고 1988년 4월 25일 등록증을 받은 직원들이 사무실에 모여 소주가 담긴 종이컵이 구겨지도록 부딪치며 자축연을 벌였다는 것이다.

우리나라 신문의 '등록' 조항은 사실상 '허가제'로 운영되고 있다. 17세기 영국에서 신문이란 것이 나오자 국왕이 자기가 좋아하는 사람들만 신문을 만들기 위해 '허가제'를 두었다. 이 허가제는 가장 원천적인 언론 규제 수단이다. 그러나 영국은 이 규제를 300여 년 전에 제도적으로 폐지했으며, 21세기 선진국은 물론 지구상 어느 문명국가에도 없다. 언론기본법은 우리가 선출한 국회에서 제정한 것도 아니었다. 1980년 12월 31일 국가보위입법회의가 발의, 제정, 공포에 대한 합의 및 논의 과정도 없이 만들었다. 1980년 전두환 정권이 출범하면서 81명의 입법 위원을 임명하여 기성 정치인 800여 명의 활동을 금지시키고 언론기본법과 중앙정보부법, 공정거래법, 대통령선거법, 국가보안법 등을 만들었던 것이다.《홍동소식》등록 불허가 헌법은 물론 그렇게 만든 언론기본법에도 위반하고 있지만, 서슬이 퍼런 전두환 정권과 싸위 이기기 어려울 것이라고 생각됐다. 당시는 전두환 정권의 언론사 강제 통폐합, 민영 방송인 문화방송 주식 65퍼센트 강제 인수, 기독교 방송 보도 기능 폐지, 언론인 성향 분석으로 1,500여 명을 해직시키도록 언론사에 강요하는 등 한국 언론사상 가장 악랄한 동토 시대였다.

대책위는 수차례 논의 결과, 일단 전의를 접고 다음 단계를 준비하기로 했다. 면 단위 소규모 월간지보다 군 단위 주간지 등록 신청을 한 후, 또 불허될 경우 많은 군민을 모아 전국적 언론 자유 투쟁을 벌이는 것이 효과적이리라 판단했다. 홍성 YMCA 화요 독서 클럽에 지역 신문 창간을 제안했다. 고광성, 김용신, 윤두영, 최윤석, 이번영, 김신환, 유희영, 권태욱 등 젊고 생각이 비슷한 YMCA 이사 8명이 격주로 화요일에 모여 사회과학 서적을 읽는 모임이다.《홍동소식》폐간 과정을 지켜보며 군 단위 신문 창간을 제안 받은 화요 독서 클럽이 1년 동안 신문에 대한 공부와 토론, 전문가 초청 좌담회를 갖고 준비에 들어갔다. 그러는 사이 1987년 민주항쟁으로 6월 29일 노태우 대통령이 제한적인 언론 자유화 조치를 취했다. 1987년 12월 15일 홍성 YMCA 화요 독서 클럽이 주축이 돼 홍성 지역 신문 창간 추진 위원회를 구성했다. 다음 해인 1988년 5월 15일《한겨레신문》창간호에《홍성신문》창간 발기인 모집 광고를 게재했다.

이렇게 해서 1988년 12월 1일《홍성신문》창간호가 나왔다. 홍성 군민 341명이 주주로 참여하고 고광성이 발행인으로, 이번영이 편집인 및 편집국장으로 출발했다. 충청 지역 지방지와《경향신문》, KBS, MBC 등 전국의 신문과 방송이 한국 '최초의 지역 신문'이라며 앞다퉈 보도했다.《홍성신문》창간호는 고광성 발행인과 송건호《한겨레신문》초대 발행인, 유재천 서강대 신문방송학과 교수 세 사람이 서울 마포구 가든호텔에서 지역 언론에 대한 좌담회를 갖고 특집 기사로 꾸며 내보냈다. 이 자리에서 유재천 교수와 송건호 사장은《홍성신문》에 다음과 같은 특징과 의미를 부여했다.

"우리나라 역사에 시·군 단위에서 나오는 지역 신문은 홍성신문 외에 다른 자료를 갖고 있지 않다. 지방자치단체 주민 수백 명이 주주로 참여해 공동으로 만드는 지역 신문을 우리는 한국뿐만 아니라 세계 어느 곳에서도 보지 못했다."

2018년은《홍성신문》창간 30주년이 되는 해다. 지난 30년 동안 홍성신문은 10만 군민들에게 매주 월요일 아침 이웃 소식을 싣고 달려갔다.《홍성신문》은 30년 동안 지역의 정치, 사회, 문화, 교육 환경을 바꿔 놓았을 뿐만 아니라, 우리나라 언론사에 두 가지 중요한 사명을 감당했다. 하나는 앞에서 말한 대로 오랫동안 닫혔던 지역민의 입과 눈과 귀를 열어 주는 길을 텄다. 전국 각 지역에서 뜻 있는 인사들이 홍성신문사를 방문 견학하고 자기 지역에서 신문을 창간했다.《홍성신문》 창간 후 약 10여 년 만에 전국 모든 지역에 지역 신문이 창간됐다.

우리나라 땅끝 마을 남해에서 무명의 이장 한 사람이 홍성신문사에 찾아왔다 돌아가《남해신문》을 창간했다. 그는 신문사 사장, 기자, 배달원을 하며 주민들을 깊게 만났다. 몇 해 동안 민의를 잘 파악한 그는 군수에 출마, 당선됐다. 전국 최연소 기초지방자치단체장이 된 그는 군수 3선을 연임하며 참신하고 개혁적인 행정을 펴 전국에 알려졌다. 그를 눈 여겨 본 노무현 대통령이 행정자치부 장관에 기용했다. 리틀 노무현이라는 별명을 달고 가는 곳마다 인기가 올라가자 야당이 핑계거리를 만들어 해임 건의안을 의결, 장관직에서 끌어냈다. 그러자 경남도지사에 출마해 당선됐다. 그러나 대통령 당내 경선에 도전, 장관직을 내놓으며 그의 돌풍이 가라앉았다. 김두관 경상남도지사 이야기를 길게 한 이유는 그의 공적 생애 출발점이 지역 신문이었다는 점을 과시하기 위해서다.

2008년 2월 노무현 대통령이 임기를 마치고 고향 봉하마을로 내려갔다. 노 전 대통령은 봉하마을에서 주민들과 유기농업을 하기 위해 오리농업을 처음 시작한 홍동면 주형로를 초청해 강의를 들었다. 주형로를 처음 만나 악수를 건넨 노 전 대통령의 인사 첫 마디는《홍성신문》이었다.

"홍성에서 오셨다고요? 그러면 우리나라 첫 지역 신문이 나온 거기 말입니까?"

홍성이 한국 지역 신문을 시작한 지역이라는 역사를 대통령도 알고 있었다.

한국 언론 자유 신장에 기여

《홍성신문》의 두 번째 공로는 지역 신문 관련 법 개정이다.

1995년 10월 1일, 《홍성신문》, 《부천시민신문》, 《해남신문》, 《나주신문》, 《영천신문》 5개 신문사가 당국으로부터 2개월간 발행 정지 처분을 받았다. 당시 공보처가 정간 조치를 내린 이유는 "정치 관련 기사를 게재함으로 발행 목적을 현저하게 위반했다"는 것이다. 우리나라 지역 신문은 신문법에서 '일반 주간신문'과 '특수 주간신문'으로 구별하고 있다. 일반 주간신문은 정치, 경제, 사회, 문화 등에 관한 보도 논평이 가능하나, 특수 주간신문은 "산업, 과학, 종교, 교육 등 특정 분야에 국한된 기사만 가능하다. 이를 보통 '생활정보신문'이라고 부른다. 일반 주간신문을 발행하려면 시간당 2만부 이상 인쇄할 수 있는 윤전기를 소유하고 있어야 가능하도록 규정돼 있었다. 그런 윤전기는 수억 원을 들여 외국에서 수입해야 하고 많은 운영비 때문에 지역에서는 불가능하다. 따라서 모든 지역에서는 특수 주간신문으로 등록을 하고 실제로는 정치, 사회 기사까지 보도하는 상황이었다.

1995년은 우리나라 사상 처음으로 지방자치단체장을 주민 직선으로 선출하는 해였다. 당시 전국의 400여 지역 신문이 지방선거에 미친 영향은 막대했다. 이듬해인 1996년 4월 11일 제15대 국회의원 총선거에 미칠 지역 신문의 영향에 관심이 쏠렸다. 각 지역에서 기득권을 선점한 현역 정치인들이 "왜 지역 신문의 정치 기사 게재를 단속하지 않는가?"라며 공보처에 항의를 계속 했다. 이렇게 되자 당시 공보처 이

경재 차관이 총대를 메고 5개 지역 신문에 대해 발행 정지라는 재갈을 물렸다. 시범 케이스에 들어간 신문사는 수도권, 충청권, 영남권에서 각 1개사, 호남권 2개사 등으로 고루 분포돼 있었다. 이 신문사들은 대개 진보적 의식을 가진 지역 인사들이 주도적으로 시작해 수백 명의 시민 주주 형식의 주식회사로 운영하며 정권 측 비판 기사가 많았다. 공보처는 '사이비언론대책위원회'를 설치해 이들에 대한 발행 정지를 발표하고 전 매스컴에 보도 자료를 보내 경고하며 파급 효과를 극대화시켰다. 해당 신문사 발행인과 편집국장 10명이 충남 유성에 모여 '지역 언론 탄압 대책 위원회'를 결성했다. 해당 5개 지역에서는 각각 100여 명씩 주민 비상 대책 위원회를 결성했다. 9월 23일 한국지역신문협회는 서울 팔레스호텔에서 비상 임시 이사회 및 시도 지회장 회의를 열고 전국 480여 개 지역 신문이 공동 대처하기로 하는 한편 정기간행물 등록법 개정을 위한 서명 운동에 돌입했다.

대책위는 9월 26일 서울 고등법원에 정부를 상대로 행정 소송, 행정 심판 청구, 행정 처분 집행 정지 신청서를 제출했다. 10월 9일 국회 문화체육분과위 국정감사에서 조세형, 박계동, 배기선, 국종남 의원이 오인환 공보처장관을 상대로 5개 지역 신문에 대한 형평성 잃은 행정 행위의 부당성을 추궁했다. 5개 신문 발행 정지가 실현된 지 한 달여가 지난 11월 10일 전국에서 1만 7,000여 명의 주민 서명을 받아 정기간행물법 개정을 위한 청원서를 국회에 제출했다. 소개 의원은 민주당 배기선 의원이 맡았다. 1995년 12월 18일 '정기간행물 등록 등에 관한 법률 개정안'이 국회 본회의를 통과했다. 그리고 12월 30일 개정된 법률이 공포됐다. 내용은 정기간행물 등록 등에 관한 법률 제6조 4항에서 "제3항의 규정에 해당되지 아니하는 정기간행물을 발행하고자 하는 자는 출판사 및 인쇄소의 등록에 관한 법률에 의하여 등록된 인쇄소와 인쇄 계약을 체결하여야 한다."로 개정된 것이다. 즉 정치 기사 보도 논평도 가능한 일반 주간신문을 발행하기 위해서는 인쇄 시설을 소유하지 않더라도 인쇄소와 계약만으로 등록이 가능하도록 고친 것이다. 5개 지역 신문에 대한 정부의 2개월 발행 정지 조치는 결국 지역 언론의 자유를 확대시키는 쪽으로 역사를 진전시키며 마무리 지었다.

한국 최초의 시·군 단위 지역 신문 창간, 지역 언론 자유 확대 등 역사 발전이 60년 전 풀무학교 학생들이 만든 교지와 벽보, 졸업생 잡지《풀무》, 풀무생협의《홍동소식》에서 태동한 것이다. 풀무학교 사람들, 홍동 사람들이 이웃과 함께하는 삶 속에서, 일을 더 효과적으로 하는 수단으로 자연스럽게 한 일들이었다.

몇 사람의 머릿속에 맴돌던 독창적인 생각이 시일과 더불어 서서히 현실에 구체화되어 역사의 한 줄기가 되는 예는 많았다고 에리히 프롬이 말했다고 한다. 아주 작은 시작이 씨앗을 품고 있었다는 것이다. 홍동의 역사가 그런 셈이다.

농촌 문화를 생산한 갓골어린이집

6개 마을 대표 12명과 시작

1981년 4월 2일 오전 10시, 홍동면 운월리 368번지. 홍동면사무소에서 광천 쪽으로 군도를 따라 100미터쯤 가다가 왼쪽 언덕 솔밭 사이에서 갓골어린이집 준공식 및 개원식이 열렸다. 유아 교육에 대한 관심과 정부 정책이 거의 전무하던 시대에 "세 살 버릇 여든 간다."는 생각으로 미래 세대에 대한 홍동 사람들의 책임감이 3년에 걸친 준비 끝에 실천으로 옮겨진 것이다. 이날 입학한 어린이는 42명. 입학식에 참여한 40여 명의 내빈은 학부모 외에 면내 기관장, 유지, 각 정당 대표, 그리고 주한 네덜란드 대사관 일등 서기관 빈스 일행도 함께했다. 주정두 추진 위원장(전 홍동농협 조합장)이 먼저 단상에 올라가 다음과 같은 내용의 경과보고를 했다.

"갓골어린이집은 1979년부터 풀무학교 홍순명 선생을 중심으로 몇 분이 유아 교육의 필요성을 느끼고 제안해 3년 동안 논의를 거쳐 계획이 수립되고 풀무학교에서 520평 땅을 제공해 건물이 세워졌습니다. 1980년 8월 23일 지역 유지 중심으로 건립 추진 위원을 결성해 추진했습니다. 35평 크기의 건물 내용은 넓은 마루 교실과 방 하나, 주방, 수세식 화장실, 자료실, 현관으로 돼 있으며 그네, 미끄럼틀, 시소, 씨름장, 폐차 처리된 자동차, 그리고 많은 장난감들을 준비했습니다. 총 공사비는 632만 원이 들었습니다. 건축비는 주한 네덜란드 대사관의 지원금과 홍동면뿐만 아니라 국내외에서 100여 명의 뜻있는 분들이 보내주신 성금 436만 원과 차입금 196만 원으로 충당했습니다."

이날 개원식에서는 네덜란드 대사관 빈스와 건축을 맡았던 운월리 주정하에게 각각 감사장이 전달됐다. 주호성(전 홍동면장) 이사장은 인사말에서 "갓골어린이집은 주민 공동의 소유며 공동으로 운영하는 기관이므로 모두 책임을 지고 관심을 가집시다. 갓골어린이집을 운영하는 이사회는 원장 1명, 풀무학교에서 1명, 풀무신협에서 1명이 당연직 이사가 되고 학부모 대표 2명, 면내 유지 2명 합계 7명이 이사로 참여하며 주민 2명을 감사로 선출해 운영하도록 규약을 정했습니다."라고 발표했다. 운월리 반월 출신으로 한학에 깊은 주호성 이사장은 또 "갓골은 옛적에 가화골(佳花洞)이라고 불리던 말이 변화된 것인데 아름다운 꽃의 고을이란 뜻입니다."라는 설명을 덧붙였다.

홍순명 원장은 인사말에서 "같은 취지와 목적을 갖고 협력해 준 풀무 가족과 주민들에게 감사드립니다. 이 어린이집은 어린이들의 재롱만이 아니라 좋은 성격, 사회성, 가치관을 심어주기 위한 목적을 갖고 있으며 교육 내용은 국내는 물론 세계 여러 나라의 내용과 방법을 비교 연구하여 더욱 충실하고자 합니다."라고 말했다. 갓골어린이집은 홍순명이 초대 원장에 취임하고 한국어린이신학교 보육과를 졸업한 후 서울의 한 유아 교육 기관에서 2년간 경력을 쌓은 홍원리 주민자, 서울대학교 미대 회화과를 졸업한 박현옥이 첫 교사로 부임했다. 수업은 매일 오전 3시간씩 하며 풀무 무공해 영양 식빵과 풀무목장 우유를 간식으로 제공했다. 화신리, 문당리 등 먼 거리 지역 어린이를 위해 제주도에서 토종 조랑말 5년생 한 마리를 사다 놓고 농기구협동조합에서 마차를 제작했다. 서울에서 유아 교육 기관 교사로 있다가 온 주민자 교사는 다음과 같은 소감과 각오를 밝혔다.

"농촌 어린이는 일에 바쁜 부모의 방치 속에 욕구 불만이 쌓이고 위축되어 왔습니다. 오늘의 농촌 문제는 여기서부터 시작됩니다. 갓골어린이집에서 감당해야 할 또 하나의 중요한 과제는 어머니 교육입니다. 우리는 어머니들에게 어린이의 기억력이 비상하다는 것부터 알려주고 그들을 믿어주라고 역설할 것입니다. 우리는 동화도 만들고 노래 작사, 작곡도 할 것입니다."

갓골어린이집을 시작한 사람들은 어린이를 미완성, 미숙한 사람으로 보지 않고 하나의 세계를 가진 인격체로 보고 그것을 존중해야 한다고 생각했다. 도시 문명과 경쟁 사회의 현실에서 어린이를 억누르는 구속을 떠나 자연과 가정, 이웃과 마을 속에서 자유롭게 뛰어노는 가운데 자기를 표현하고 소중히 여기며 튼튼하게 자라도록 하겠다는 것이다.

갓골어린이집의 시작은 다음과 같은 과정을 거쳤다. 1980년 풀무학교에서 운월리 갓골 368번지 520평 토지를 무상으로 내놓았다. 그해 9월 지역 주민 6명이 어린이집 추진 위원회를 만들었다. 그 뒤 추진 위원은 운월리 송풍, 창정, 상반월, 운곡, 월현리 종현, 팔괘리 송정 6개 마을에서 각각 대표 2명씩 12명으로 늘렸다. 어린이집 건축 기금 모금 운동을 폈는데 9월 15일까지 현금 193만 원이 들어오고 48만 원이 약정됐으며 110만 원이 부족하다는 보고서를 내놓았다. 당시 성금 기탁자 63명 명단을 보면 지역 주민뿐만 아니라 고려대 김정환 교육학 교수 등 풀무학교 지인들, 미국인 짐 토마스, 로렌 브로크, 서독 괴팅겐대 한국 간호원 등 외국인들 이름도 나온다. 방학 중에는 중앙대 베이커 교수 등 유아 교육 전문가를 초청해 지도를 받았다. 갓골어린이집은 이 같은 과정을 거쳐 35평의 분홍색 건물을 아담하게 짓고 준공 및 개원식을 했으며, 그 후 25평의 숙소를 더 짓고 13년 동안 주민들이 공동으로 운영하다가 1993년 사회복지법인 갓골어린이집으로 개원하면서 홍성 군비 지원을 받기 시작했다.

갓골어린이집은 개원 당시 상황 중심 교육 이론을 실천하며 출발했다. 상황 중심 교육이란, 인간 상호 관계를 통하여 인간성 형성과 발전이 가능하다는 사회적 상호 관계 이론에 기초를 두고 있다. 교육 과정을 교사가 미리 짜놓고 아이들을 거기에 맞추는 게 아니라, 그날그날 아이들과 함께 교육 과정을 짜서 실천하는 것이다. "고기를 낚아서 애들 입에 떠 먹여 주지 말고 스스로 고기를 낚는 법을 가르쳐 주라."는 탈무드 이야기로 설명을 대신하는 상황 중심 교육은 1960년대 중반부터 독일의 유치원 교육 제도에 비판이 일면서 시작됐다. 독일에서 10여 년간 연구와 실험 끝에 완성해 1970년대 사회교육학에 나타난 개방적 교육 과정의 이론적 명제를 1981년에 홍동의 한 시골에서 실천하기 시작한 것이다. 상황 중심 교육은 그 후 우리나라 대학과 유아 교육 기관에서 많은 연구와 실천을 거듭했으나 의도한 만큼 확산되지는 않았다. 갓골어린이집 상황 중심 교육도 현장에 맞춰 변화, 발전을 거듭하다가 2000년대 들어와서 생태 유아 교육으로 바꿔 자리 잡았다.

갓골어린이집이 실천하는 생태 유아 공동체 교육의 원칙은 크게 다음 다섯 가지다. 첫째, 자유롭게 뛰어 놀며 배우기. 둘째, 친구나 이웃과 사이좋게 살기. 셋째, 흙과 자연과 친하기. 넷째, 우리 문화와 전통에서 배우기. 다섯째, 마을 속에서 자라기.

갓골어린이집은 2003년 5월부터 홍동 지역에서 생산되는 유기농 쌀과 채소를 사용하며 인공 조미료를 사용하지 않는 음식을 자율 급식으로 바꾸고 민주적으로 운영한다. 이사회, 운영위원회, 식단위원회 세 바퀴가 유기적인 관계를 갖고 조화를 이루며 운영된다. 식단위원회는 원장, 학부모, 조리사 5명으로 구성해 매월 한 차례 모여 식단 내용을 검토한다.

갓골어린이집의 가장 큰 특징은 원장 임기제다. 원장은 2년 임기제로 2회 중임할 경우 4년씩 돌아가며 한다. 원장은 갓골어린이집에서 7년 이상 경력을 가진 교사 중에서 교직원들 추천을 받아 이사회에서 선발한다. 갓골어린이집 교직원은 원장에서부터 취사 조리사까지 전 직원이 똑같은 금액의 봉급을 받는다. 물론 당국에서 호봉 수에 따라 나오는 봉급은 다르지만, 많이 나오는 사람 봉급을 잘라서 직게 나오는 사람에게 보탠다. 또 전체 봉급에서 10퍼센트 정도 떼서 교사 1명을 더 채용하고 안식년에 들어가는 교사 봉급을 지급한다. 안식년은 장기 근속자 순으로 교사 1명씩 해마다 쉬게 하며 1호봉 기준 봉급의 50퍼센트를 수당으로 지급한다. 그러나 최근 갓골어린이집은 이 같은 운영 방침을 바꿨다.

전설 같았던 갓골극단

갓골어린이집은 출발 때부터 지역 주민들이 스스로 세운 후 주민들과 긴밀한 관계를 맺고 운영하는 특징을 갖고 있다. 특히 1980년대 홍동 지역의 농민 운동과 민주화 운동이 한창일 때 갓골어린이집은 젊은 청년들이 밤마다 모이는 비밀 거점이었다. 농민들이 밤마다 모여 시국 문제에 대한 토론을 벌이고, 서울에서 전문가를 불러 풍물과 탈춤을 배우는가 하면 농민 시위라도 있을 때는 현수막과 대자보를 만드는 장소였다.

농촌 젊은이들이 문화 운동의 일환으로 만든 '갓골극단'은 전설적인 이야기가 됐다. 1980년대 중반 어느 해, 홍동 지역 농민들이 크리스마스 행사의 일환으로 김지하 시인이 쓴 희곡 『금관의 예수』를 연극으로 올렸다. 정일진, 김순희, 주오택, 임운선, 주정민, 박종권, 이번영 등이 배우로 출연하고 최루미가 해설을 맡았다. 두 달 가량 갓골어린이집에서 연습을 하면서 이름을 '갓골극단'이라고 붙였다. 갓골극단의 『금관의 예수』는 갓골어린이집에서 홍동 주민들을 대상으로 공연을 한 후, 풀무학교에서 학생들에게 2차 공연을 했다. 홍성읍 행복예식장을 빌려 입장료를 1,000원씩 받고 군민들을 대상으로 공연을 했다. 소문을 들은 광천읍 은파교회로부터 초청을 받아 4차 공연까지 했다. 연극이 끝나면 항상 그 자리에서 배우들과 관객이 연극에 대한 소감과 의견을 나누는 자리를 마련했다. 광천 은파교회에서 관람을 마친 한 여고생은 "농민들이 극단을 만들었다는 것도 대단하지만, 폐품을 이용해 스스로 조명 시설을 갖춘 것에 큰 감동을 받았다."고 말했다. 쓰고 난 분유통 여러 개에 은박지를 바르고 밑에 구멍을 뚫어 전선을 연결시켜 속에 전등을 매달아 놓은 다음 앞에다 빨간색, 파란색, 노란색 아세테이지로 가린 조명등을 만들어 번갈아 사용했던 것이다.

    4차 공연을 마칠 즈음, 전국적으로 이름이 알려진 '극단 로열씨어터'가 서울 충무로의 한 극장에서 김지하의 『금관의 예수』를 한 달 동안 공연한다는 신문 광고가 나왔다. 갓골극단 단원들은 함께 서울로 올라가 명동 성모병원 옆 언덕 밑 지하 창고 극장에 입장료를 내고 들어갔다. 연극이 끝난 후 자리에 남아 배우들을 만나 갓골극단 이야기를 했다. 시골 사람들을 반기는 로열씨어터 단원들과 갓골극단 단원들이 무대 위에서 즉석 막걸리 파티를 열었다. 갓골극단 단원들은 기차를 타고 내려오며 연극에 대한 촌평을 나눴다. 같은 작품을 놓고 약간 다르게 올린 연극을 비교한 후, 극단 로열씨어터의 전문 배우들보다 갓골의 촌스런 배우들의 연극이 더 우수하다는 자평을 내렸다. 로열씨어터 연극은 코믹한 대사들을 추가하고 배우와 관객 사이를 좁히기 위한 장면들을 삽입하는 식으로 원작을 약간 고쳤다. 관객과 가까워지고 재미가 있었다. 하지만 진지한 의미 전달에서 부족했다고 평가했다. 한편 갓골극단의 연극은 원작에 충실하기 위해 전력을 기울여 관객들이 눈물을 흘리며 보았고, 위선적인 종교인을 비롯한 기득권의 가면을 벗겨내는 감동을 주었다고 스스로 평가했다. 이해를 돕기 위해『금관의 예수』대본 일부를 소개한다.

막이 오르면 1971년 겨울, 청회색의 음울한 하늘을 배경으로 삐에따의 예수상이 실루엣으로 보인다. 무대 중앙에 작은 탁자, 탁자 위엔 검은 표지의 거대한 성서. 기타 소리와 함께 양희은의 노래가 들린다.

"얼어붙은 저 하늘 / 얼어붙은 저 벌판 / 태양도 빛을 잃어 / 아 캄캄한 가난의 거리 / 어디서 왔나 / 얼굴 여윈 사람들 / 무얼 찾아 헤매나 / 저 눈, 저 메마른 손길 / 고향도 없다네 / 지쳐 몸 누일 무덤도 없이 / 겨울 한복판 / 버림받았네 / 버림받았네 / 아아 거리여 / 외로운 거리 / 거절당한 손길들 / 얼어붙은 저 컴컴한 곤욕의 거리 / 어디 있을까 / 천국은 어디 / 죽음 저편에 / 사철 푸른 / 나무숲 / 거기 있을까 (…) 어디 계실까 / 주님은 어디 / 오 주여 이제는 여기 / 우리와 함께, 주여 우리와 함께 하소서"

1970년대의 컴컴한 겨울 거리로 쫓겨난 거지, 문둥이, 창녀들과 이들을 도우려는 수녀. 이들을 등 처먹는 순경과 사장, 이들을 외면하는 대학생과 신부, 그리고 시멘트의 감옥에 갇혀 금으로 된 금관을 쓰고 있는 예수. 예수는 금관을 벗어 거리의 문둥이에게 주지만 신부와 순경, 사장이 달려들어 도로 예수의 머리에 씌워버리고 예수는 다시 시멘트로 굳어버린다.

"예수님, 누가 예수님을 감옥에 가두었습니까?"라는 문둥이의 질문에 예수는 이렇게 대답한다.

"그들은 바리새인들이다. 오직 저희들만을 위하여 저희들만의 신전에 나를 가두었다. 내가 너 같은 가난한 백성들에게로 가지 못하도록. 그들은 나의 이름으로 기도를 한다. 그러나 나의 이름으로 그들은 나를 다시금 십자가에 못 박았다. 그들은 나의 제자임을 자랑한다(…). 그러나 가난한 사람들의 굶주림을 외면하고 박해받는 의로운 사람들의 고통스런 외침에 귀를 막는다. 그리고 그들은 세속의 안락과 부귀와 명예와 권세에 너무나 가까이 있는 탓에 그들의 귀에는 나의 말도 너희들 가난한 백성의 외침도 들리지 않는다. 그러기에 그들이 나를 가두었다."

『금관의 예수』는 1970년대 초 암울한 세상을 비꼰『오적(伍賊)』으로 수배 생활을 하게 된 김지하가 도피 중 쓴 희곡이다. 예수는 로마와 예루살렘의 기득권층에 의해 세상의 모든 고통을 상징하는 가시 면류관을 쓰고 십자가 위에 못 박혔다. 그러나 김지하가 본 한국 교회의 예수는 우리 사회의 주류 기득권층이 시대의 아픔을 외면하고 자기 배불릴 생각에 급급한 나머지, 예수의 머리에 황금 면류관을 씌웠다고 생각했다. 가난한 자와 힘없는 자를 위해 몸을 던진 예수와 달리, 교회의 크기가 곧 믿음의 크기가 되어 버린 한국 교회, 그리고 어려움에 고통받는 서민들의 입장이 아닌, 힘 있고 권력 있는 자들의 편에 선 한국 교회와 재벌, 경찰로 표현된 권력을 통렬하게 비판한 작품이었다. 1973년 원주에서 처음 무대에 올린 『금관의 예수』는 소외된 이들의 좌절과 분노, 그리고 어디엔가 있을 신에 대한 원망과 구원에 대한 소망이 계속되는 동안 깨어 있는 문화패들에 의해 계속 무대에 올려졌다.

　1980년대 중반, 부천경찰서 성고문 사건, 평화의 댐 날조, 박종철 고문 치사, 이한열 사망 등 사건이 이어지면서 전두환 정권의 탄압이 극에 달해 6월 항쟁이 일어났다. 홍성에서도 YMCA 중등 교사회가 결성돼 충청남도 교육 민주화 운동을 주도하던 교사들이 타 시군으로 강제 전출당하고, 갈산면 오두리 현대건설 간척지 반환 투쟁이 치열하게 전개되며 홍성군 농민회 창립대회가 경찰의 최루탄 세례를 받는 등 고통의 세월이 이어졌다. 홍성군 결성면 출신 조성미는 청주사범대 국어교육학과를 졸업하고 충북문화운동연합회에서 상근 간사로 활동했으나 암울한 시대 상황에서 내적 고민으로 방황하고 있었다. 그는 어느 날 우연히 고향 홍성에 왔다가 거리에 붙은 갓골극단의 『금관의 예수』 공연 포스터를 보고 "아, 홍성에 이런 의식 있는 사람들이 있구나."라는 생각이 번개처럼 스쳐갔다. 이를 계기로 조성미는 홍성 지역에 대한 애착과 희망이 되살아나 《홍성신문》 창간 멤버에 동참, 기자가 됐다고 털어놓았다.

갓골극단 연극이 끝난 후 출연했던 8명의 배우 중 세 쌍의 부부가 탄생하기도 했다. 연극에서 성당 신부와 수녀로 나왔던 남녀가 극이 끝난 후 실제 부부의 연을 맺었다. 연극에서 거지로 분했던 남자와 창녀로 나왔던 여인이, 연극에서 경찰과 해설자가 극이 끝난 후 실제 부부가 됐다. 신부는 도시에서 대학을 졸업하고 무작정 내려온 귀농인이고, 신랑은 홍동에서 태어나 자라고 풀무학교에서 공부했을 뿐 홍동 바깥에 나가본 적 없는 순수 농민이었다. 그 후 홍동에는 이렇게 도시에서 내려온 처녀와 홍동 농민 총각이 만난 부부가 열 쌍도 더 됐다.

농촌 지역 유아 교육이 전무한 시대에 농민들 스스로 협동조합 식으로 설립해 미래 세대를 준비하는 갓골어린이집은 이렇게 지역의 농촌 문화를 생산하고 소비하며 사랑했다.

홍동 사람들의 끝없는 상상력, 도서관 운동

대한출판문화협회 상 받은 홍동학생도서실

풀무학교의 도서관 운동 역사는 깊다. 풀무학교는 1965년 3월 23일 '풀무학원도서조합'을 시작했다. 다음해인 1966년 9월 5일에는 '풀무도서협동조합'을 정식 발족했다. 그런데 학교 일지를 보면, 3년 후인 1969년 또 다시 도서조합을 발족한다. 4년 동안 도서조합을 세 번이나 시작한다. 시작해 놓고 유야무야 되거나 운영이 어려워 여러 차례 중단됐던 것으로 보인다. 하여튼 1969년에 도서조합, 소비조합, 신협 3개 협동조합이 정식 발족하는데, 그중 도서조합이 1월 8일 제일 먼저 출발한다. 소비조합은 3월 2일, 신협은 11월 20일에 업무가 시작된다.

돈을 다루는 서민 금고와 생필품 공동 구입을 위한 소비조합 보다 정신과 지식 창고인 도서조합을 먼저 발족했다는 것은 시사점이 많다. 홍동에서 추진하는 각종 협동조합 운동들이 단순히 경제적 문제 해결만을 목표로 하기 보다 문화적, 정신적 수준 향상을 먼저 생각했다는 것을 방증하며, 책을 구입하고 읽는 것도 협동조합 식으로 실천했다는 점을 엿볼 수 있다.

이 같은 독서 운동은 자연스럽게 풀무신협 도서 보급 운동으로 이어졌다. 1979년 국제 아동의 해를 맞아 풀무신협은 어린이들에게 책을 통한 인격 형성과 꿈을 심어주기 위해 홍동학생도서실을 설치했다. 당시 홍동 면내 초·중 학생은 2,000여 명이었다. 신협은 그해 5월 11일 모임을 갖고 홍순명(풀무학교 교사), 채수철(홍동초 교감), 신관호(금평리 농업), 이석훈(홍동중 교사), 정규채(풀무신협 전무), 이번영(풀무학교 행정실장) 등 6명을 도서실 설립위원으로 위촉했다.

1979년 7월 20일, 풀무신협에서 준비한 홍동학생도서실 문이 열렸다. 신협 사무실 옆 약 4평 크기에 20만 원을 들여 수리하고 책꽂이와 책상, 의자를 들여놓았다. 장서는 844권으로 출발했다. 현장에서 책을 읽거나 일주일씩 대출했다. 면내 기관장 등 30여 명이 참석한 가운데 개관식을 했다. 이날 개관식에는 한국마을문고 본부와 충남지부에서 축전을 보내왔으며 한국일보에서 기자 한 사람이 나와 취재, 7월 24일자에 보도됐다. 한국일보 보도를 접한 독자들이 전국에서 혹은 외국에서까지 성원을 보냈다. 동두천 은봉도서관, 캐나다 한인문인협회, 재미 실업가 김부로스 등이 책을 보내고, 출판문화협회는 출판계에 홍보할 자료를 요청해 오는 등 활발했다. 충남 대덕군 교육청 직원들은 청내에서 책을 모아 보내기도 했다.

《풀무》지 9월호에 실무자 이기홍은 "책이 900권밖에 없어 부족하고, 좁은 열람실 의자가 15석밖에 안 돼 어린이들이 흙바닥에 앉아 책을 읽는다."며 애로 사항을 호소했다.

1979년 9월 23일, 대한출판문화협회는 서울 세종문화회관에서 전국 도서 관계자와 각국 주한 문화원장 등 200여 명이 참석한 가운데 열린 제23회 전국 도서전시회 개막식에서 모범 독서 단체로 홍동학생도서실과 서울 잠실어린이도서관을 선정, 표창했다. 이날 상은 상패와 도서 10만 원 상당 구입권이었다. 함께 상을 받은 서울 잠실 어린이도서관은 유정희 관장이 자신의 아파트 내에 설치한 작은 도서관이다. 그런데 유정희 관장 역시 홍동면 금당리 출신 풀무학교 졸업생이었다.

그해 말 결산 보고서를 보면, 도서실에 가입한 회원은 374명, 장서는 1,082권으로 늘어났다. 하루 평균 90권의 책을 이용한 것으로 집계돼 홍동의 중요 문화 시설로 등장했다. 홍동학생도서실은 그 후 해마다 독서 발표회, 백일장, 영화 감상 등 행사를 열며 지역 문화 활동의 중심 기능을 했다.

그러나 5년 정도 지나 실무자 이기홍이 서울로 떠나면서 어려워졌다. 1985년 4월 19일, 운월리 창정 마을회관으로 책을 옮기고 서울에서 내려온 한명석이 실무를 맡았다. 장서를 1,500권으로 늘려 재기를 시도했다. 그러나 여건이 힘들어 얼마 후 문을 닫고 책은 갓골어린이집 창고로 옮겨 보관해야 했다.

1998년 10월, 풀무학교 졸업생 이철학이 홍동면장에 부임했다. 그는 2층 면장실을 면민도서실로 바꿨다. 갓골어린이집 창고에 보관 중이던 홍동학생도서실 책을 옮기고, 출향인들로부터 더 기증을 받아 아름다운 도서실로 꾸몄다. 홍동 면내 학생과 주부들이 유용하게 활용했다. 그러나 그가 홍성군청으로 발령받아 가면서 도서실도 슬그머니 문을 닫았다.

주민 231명 뜻 모아 지어 공동 운영하는 홍동밝맑도서관

1969년 3월 풀무학교 안에서 도서조합으로 시작해 풀무신협, 운월리 창정마을, 갓골어린이집, 홍동면사무소 등으로 옮겨 다니며 30년 동안 끊어졌다 이어졌다를 반복한 홍동의 독서 운동은 10년 동안의 수면기를 거쳐 '홍동밝맑도서관'이라는 이름으로 태어났다. '밝맑'은 풀무학교 설립자 중 한 사람인 이찬갑의 호다.

홍동밝맑도서관을 짓게 된 과정은 다음과 같다. 2004년 어느 날 풀무학교 설립자 이찬갑의 차남인 이기문 전 서울대 교수(국문학자)가 아끼며 소장한 전문 서적 4,800여 권을 풀무학교 전공부에 기증했다. 그런데 시설이 열악한 전공부에서 이 책들을 제대로 관리하기 어려운 사정을 듣고, 이기문이 돈 1억 원을 보내며 책을 관리하도록 당부했다. 많은 돈을 받은 홍순명 교장은 지역 주민들이 주최가 되고 주민이 함께 활용하는 마을 도서관으로 건립하자는 제안을 내놓았다. 이찬갑이 오산학교를 중심으로 학교와 지역이 하나 되는 공동체 건설 운동을 벌이다 뜻을 이루지 못하고 홍동에서 학교를 세우며 새로운 농촌 건설을 시도했던 꿈을 잇기 위해서 마을 도서관이야말로 가장 중요한 중심축

이 될 것이라고 생각한 것이다. 마침 풀무학교는 개교 50주년을 앞두고 있었다. 홍순명의 제안을 받은 지역 주민, 풀무학교 졸업생, 학부모 등은 여러 차례 논의를 거쳐 지역 도서관 건축을 추진하기로 했다.

2007년 12월 15일, 홍동면사무소 강당에서 주민 100여 명이 참석한 가운데 지역 도서관 건립 추진 위원회 창립대회를 열었다. 도서관 이름을 '홍동밝맑도서관'으로 정하고, 홍순명을 추진 위원회 대표로 선출하며, 30여 명의 추진 위원회 임원진을 구성했다. 이날 대회는 부길만 책읽는사회만들기국민운동 공동대표가 기념 강연을 하고 시작했다. 창립대회는 활발한 토론 끝에 중요한 내용들이 결정됐다. 가장 긴 시간을 들여 찬반 토론을 벌인 문제는 도서관 이름이었다. '도서관', '정보 자료관', '문헌 정보실' 그리고 '홍동'이라는 글자를 넣는가 빼는가 문제들이 논의됐다. 가장 엇갈리며 어려운 토론은 '밝맑'이라는 이름이었다. '밝맑' 반대자들은 풀무학교 설립자가 두 사람인데 왜 한 사람 이름만 넣는가와 읽기 어려운 발음이라는 문제를 제기했다. 이 문제는 창립대회 이전부터 1년여 동안 이어진 숙제였다. 창립대회의 토론은 마지막에 안찬수 책읽는사회만들기국민운동본부 사무처장의 주장에 반론하는 사람이 없어 '홍동밝맑도서관'으로 최종 확정했다. 그는 이 같은 내용으로 말했다.

"이 도서관은 풀무학교나 풀무학교 설립자들을 기념하는 도서관이 아니다. 홍동은 홍성군 홍동면이라는 지리적 명칭을 넘어 이상적인 지역 공동체의 상징이다. 교육과 농촌을 아우르며 시대를 앞서는 사상을 실천한 밝맑 이찬갑 정신은 우리나라 국민 운동으로 벌여야 한다."

실제로 홍동밝맑도서관 건립 기금 모금 운동은 돼지 저금통 700개를 만들어 홍동 거리축제 등 행사장과 면내 각 기관에 놓고 동전을 모았을 뿐만 아니라, 전국 각지와 일본 등 외국의 지인들도 모금에 참여했다. 아이쿱협동조합은 전국 70여 개 지역 조합 판매장 입구에 돼지 저금통을 놓아 3,100만 원을 모았으며, 일본 애진고등학교와 독일 안나 마리아 쿨첸 등이 모금에 동참했다. 책과 함께 관리비 1억 원을 보낸 이기문은 마을 도서관 건립 소식을 듣고 1억 3,000만 원을 추가로 보냈다.

한편 건립 추진 위원회 창립대회에서 선출된 추진 위원은 다음과 같다.

추진 위원장: 홍순명(풀무 전공부)
실행 위원장: 이번영(홍성신문)
건축 위원회: 이운학(문화통상 대표), 정민철(풀무 전공부), 김영규(풀무생협),
  주형로(홍성환경농업교육관 대표), 이경옥(홍성중학교 교사)
사무국: 양도길(국장, 광천여중 교사), 주정민(간사, 풀무학교 수업생회 회장)
기획: 박종희(팀장, 풀무학교 학부모회 회장), 조유상(홍동 아이사랑 대표)
홍보: 안정순(팀장, 홍성여성농업인센터 소장), 하미선(갓골어린이집 원장),
  장은성(그물코출판사 대표), 주정산(홍성군오리농작목연합회 회장),
  최기자(장곡면 지정리)
재정: 이철학(팀장, 전 홍성군 기획감사실장), 이환종(풀무사람들 대표),

홍덕표(풀무신협 이사장), 정규채(전 풀무신협 전무), 이운학, 주형로, 김영규

자문 위원: 도정일(책읽는사회만들기운동본부 대표), 이기문(전 서울대교수),

고병헌(성공회대 교수), 정승관(풀무학교 교장),

이정로(홍동중학교 교장), 홍동초등학교 교장, 금당초등학교 교장,

오바나 기요시(일본 동경문화대 교수)

  추진 위원들은 부서별 또는 전체가 매월 모여 실무를 진행했다. 2007년 6월 12일 준비 모임부터 2011년 10월 22일 개관식까지 4년 5개월 동안 64회에 걸쳐 회의를 열었다. '밝고맑은 마을'이라는 제호로 소식지를 4회 발행해 배포하고, 전북 진안 문화의집을 견학했으며, 서울 책읽는사회운동본부를 방문 전국의 작은 도서관 모델을 조사했다. 봉하마을 노무현 대통령 사저를 설계한 정기용 건축가로부터 도서관 건축 설계안을 받았으나, 건축비가 많이 들어갈 것으로 예상돼 채택하지 않고 이일훈 건축가의 설계안을 채택했다. 풀무학교 이사회는 홍동면 운월리 368번지 토지 500평을 감정 가격에 매각해주었다. 2009년 12월 6일 기공식을 갖고 첫 삽을 뜬 후 2년 만인 2011년 1월 3일 건물을 준공했다. 대지 500평에 3층, 연건평 약 200평 도서관이 아름다운 모습으로 우뚝 서 갓골의 풍경을 바꿔놓았다.

  추진 위원회가 결성된 지 4년 4개월 10일만에 도서관이 준공됐다. 건축비는 총 6억 7,432만 원(토지 매입비 포함)이 들었다. 이기문 교수가 2억 3000만 원, 지방비(홍성군비, 충남도비) 1억 원, 홍동면 주민과 전국 각 지역 231명이 보낸 성금은 2억 7,132만 원으로 집계됐다. 부족

한 돈은 풀무신협에서 대출 받아 충당했다.

2011년 10월 22일 오전 10시. 홍동면 운월리 갓골에 주민 300여 명이 모인 가운데 '홍동밝맑도서관'이 개관식을 하며 문을 열었다. 홍동밝맑도서관 간판 앞에 '평화 사상과 정신을 기리는'이라는 부제와 한국 나아가 아시아로 시야를 넓히기 위해 '6.15공동선언과 평화헌법 9조(일본)지지 구역'이란 스티커를 부착했다. 장서 3만여 권으로 출발한 이 도서관은 여러 독지가들이 기증한 책이 중심을 이룬다. 이기문의 국어국문학 책 7,000권, 노평구 신앙 서적 1,200권, 김정환 전 고려대 교수(교육학)는 교육학 희귀본 1,500권을 보내왔으며, 일본 이마이깡 무교회 기독교 모임에서 종교 서적 5,000권을 보내왔다.

홍동밝맑도서관은 주민들이 공동으로 운영한다. 도서관 시설은 두밀리 어린이방, 마을 아고라방, 밝맑 문고, 서고와 열람실, 뿌리독서실, 서창실, 공연·전시회장 목적의 회랑 등으로 만들어져 배움과 문화와 생활로 움직이고 있다.

갓골 소나무, 참나무 숲과 어울리는 회색 건물에 페인트 칠 없이 투박하고 무게를 느끼게 하는 건물. 야외 디근자형 회랑으로 열린 공간을 살린 도서관은 건축가 이일훈이 설계했다. 상량문은 "이문회우 이우보인(以文會友 以友輔仁)"이라는 문구를 써 올렸다. 논어에 나오는 말로 "책으로 벗들이 만나고 벗들이 사랑을 실천한다"는 뜻이다.

홍동이라는 농촌 지역에 초, 중, 고등학교, 마을대학에 이어 평생 공부를 하는 도서관을 갖게 된 것이다. 지역의 세 살 어린이부터 여든 살 어른까지 드나들며 정보를 공유하고 새로운 농촌, 새로운 지역, 새로운 나라를 향한 꿈과 희망의 노래가 계속되고 있다. 홍동 사람들의 끝없는 상상력이 중단 없이 생산되고 있다.

[부록]
홍동 지역 협동조합 연보

1959년 9월 6일 풀무협동조합 발족(현 풀무생협 모체)

1965년 3월 23일 풀무학원 도서조합 시작

1966년 9월 5일 풀무도서협동조합 발족

1969년 1월 8일 풀무학교 졸업생 모임에서 신용조합, 도서조합 발족과 운영 협의
    3월 2일 교내 소비조합 정식 발족
    11월 20일 풀무신용협동조합 업무 시작

1970년 3월 2일 각 조합 소식 정리
    신용조합: 조합 발족이 서너 달째 접어든다. 그동안 회원 증가와 함께 이용도 날로 더해가고 있다. 조합 운영은 예탁이나 대출이 늘고 조합원 상호간에 신뢰와 자발적인 협조 체제로 운영되며 무담보에 수속 절차가 극히 간소하다.

도서조합: 벌써 수년간 도서조합은 홍순명의 수고와 헌신적인 활동으로 출발 당시 거의 맨주먹에서 지금은 자체 자금만도 10여 만원(물론 그 중에는 도서조합 적립 기금 4만 원을 가산한 것임)으로 매월 정기적으로 도서 주문에 응하는 한양길 왕래가 거듭되고 있다.

소비조합: 조합 기구 확대와 함께 본격적인 전담 활동이 재개된 것도 꼬박 한 돌이 되고 있다. 그 사이 무능과 부실이 몇 번이나 지적되면서 창의적 분발이 촉구되기도 하였으나 여전한 답보 상태를 모면하지 못하고 있는 모양이다.

1971년 2월 15일 풀무신협 세계신용조합 한국연합회에 가입

  3월 11일 각 조합 계획서 제출. 도서조합은 하반기부터 기금 저축, 출판. 소비조합은 구입선 확보, 물품 구비, 운반 개선, 현물 취급, 제빵부 운영

  3월 14일 소비조합은 주숙자(1학년)가 일하기로, 재무는 18만 7,657원 적자. 그러나 김종복 교사가 복잡한 회계를 학과와 실습 격무에도 궤도에 올리다.

  8월 9일 보고사항

소비조합: 기금 10만원. 과제 1) 서울에서 염가로 물품 구입 면내에 도매. 2) 제빵부 운영 면내 식생활 개선. 3) 반트럭 국외서 구입. 4) 조합원 민주적으로 참여. 5) 방계조합(축산, 원예, 양계) 육성.

도서조합: 1) 기금 12만원. 2) 매월 200원 책 염가로 양서 보급. 3) 2학기부터 1000원씩 적립. 휴지, 문고 발행 기금으로 5~6년 뒤 독특한 도서관 건립 계획. 4) 매월 한 권씩 책을 사볼 것. 휴지 수집 협조. 조합 가입비 100원씩. 기타 교지대 등

  9월 2일 할아버지(홍순명 부친)가 하던 소비조합 일을 주정분(운월리)에게 위임

1972년 1월 5일 제대한 정규채 학교 신용조합 일을 맡기로 결심.
    4월 4일 밤에 소비조합 문을 열고 돈 6,000원이 없어졌다.
    6월 5일 신용조합 기금 40만원 달성. 50배 목표로 두기로
    10월 8일 풀무신용조합 창립총회

1973년 3월 10일 이정복(전북 출신)에게 소비조합 인계
    7월 15일 저녁 상반월, 하반월, 팔괘리에 주옥로, 정규채와 각 리 이사가 신용조합 강습. 정규채는 조합원 집을 방문하여 추곡 현물 중 5~6만원 출자 약정받다.
    11월 17일 소비조합 재 발족 모임 조직. 운영, 서울 구입, 지방 도매, 출자, 이용고 배당, 가정 이용 등 상의. 몇 해 고생할 사람 나오기까지 3학년 재학생 송혜영, 주숙자가 잠정 맡기로

1974년 5월 16일 책 대출 현황 보고 월 80권 대출
    5월 28일 소비조합은 이제 규모를 줄여 좋은 학용품을 싸게 팔고 연말에 배당을 원칙으로 새 출발하기로 하다.

1975년 3월 12일 신협 사무실 송풍 초원이발관 옆으로 이전 독립하여 간단히 자축.
    6월 12일 소비조합 기금 모으기로 보리 베는 작업.

1976년 9월 30일 풀무신협 운월리 사무실 터를 사다.

1980년 3월 23일 풀무학원 수업생회 봄맞이 특별 강좌에 서울여자대학 이동영 교수 초청, 소비자협동조합에 대한 강연 및 좌담회 개최. 좌담회 후 일요성서집회 부녀반 중심으로 소비조합 발기인회 결성. 홍순명 풀무학교 교사를 발기인

대표로 선출.

5월 20일 풀무소비자협동조합 창립총회. 조합원 27명이 참석하여 출자금 1좌 5,000원, 가입금 1,000원으로 정하는 등 내용의 정관을 통과하고 다음과 같이 임원 선출. 이사장: 홍순명. 부이사장: 임인영. 이사: 정규채, 주정배, 이은겸, 신관호, 주호창, 주정자, 김경숙. 감사: 최성봉, 주정하, 채승병(위 임원 12명 중 홍순명을 비롯한 4명이 풀무학교 교사며 나머지 8명은 홍동 지역 주민이다. 남성이 9명, 여성은 3명)

7월 1일 홍동면 운월리 송풍마을에 5평 크기 상점을 월세 2만 5,000원으로 세를 내 개업하다. 개업일 현재 조합원 31명, 출자금 7만원, 차입금 504만원으로 총 자산은 511만원. 이중 차입금은 풀무학교에서 무이자 200만원, 풀무신협에서 200만원, 농협에서 84만원, 풀무학교 미국인 교사 도미회 씨로부터 84만원을 차입했다.

1981년 3월 30일 제2차 조합원 정기총회. 2월 말 현재 조합원 57명, 자산 627만원, 8개월간 총 매출 1368만원, 판매 이익금 228만원, 인건비 적립금 등 경비를 지출한 후 순이익 55만원으로 출자 배당 24퍼센트, 이용고 배당 5퍼센트를 집행하다.

1982년 2월 20일 제3차 조합원 정기총회. 조합원 77명, 총자산 493만 6000원, 경비 지출 후 순이익 44만 2000원, 출자 배당 23퍼센트, 이용고 배당 5퍼센트 집행. 임원 임기 만료로 다음과 같이 개선하다. 이사장: 주정배. 이사: 홍순명, 정규채, 주옥로, 이기모, 유영삼, 정호성, 이은겸, 최희섭. 감사: 주정하, 채승병, 김기순.

1983년 2월 25일 제4차 정기총회. 조합원 89명, 자산 481만 9580원, 출자금 89

만 3450원, 부채 341만 690원, 매출 이익 224만 4980원, 순손실 128만 6290원.

2월 28일 실무자 정해광 사임

3월 1일 이사, 감사, 기타 지역 유지가 참여하는 비상 확대 회의 개최. 관리자로 운월리 주민 이순영을 선정해 운영 일체를 위임. 관리자는 가게를 자유롭게 운영해 이익금을 조합과 절반씩 나누기로 함. 이때부터 조합은 개인 사업으로 되고 조합원의 참여가 줄기 시작함.

10월 13일 서울 명동 천주교회 내 사도회관에서 사단법인 소비자협동조합 중앙회 창립총회 개최. 초대 회장에 정홍권 선출(서울시 구로동에서 구로신용협동조합을 13년간 이끌어 옴.) 이날 창립총회에는 전국에서 관심을 가진 사람 200여 명이 참석했다.(서울신문 1983년 10월 21일자 참조)

12월 3일 임원 연석회의에서 임원 전원 사임. 발전적 새 조합을 구성하기 위해 해산 의결.

12월 9일 지역 문제에 관심이 많은 인사 19명 풀무학교에서 새 풀무소비자협동조합 발기인 총회. 진동석 전국소비자협동조합 충남 지부장 초청 '협동조합과 복지사회' 주제 강연. 발기인 회장에 주옥로를 선출하고 정관안 및 예산안 작성. 새 협동조합 결성에 적극 나서다.

12월 23일 풀무신협 강당에서 주민 45명 참석 풀무소비자협동조합 재 창립총회. 정관과 내년 사업 계획 및 예산안 의결. 곽창열 소비자협동조합중앙회 사무총장 초청 강연. 다음과 같이 임원 선출. 이사장: 이원헌. 부이사장: 권태문. 이사: 주정하, 배성덕, 주정배, 정규채, 오영남, 한상운. 감사: 주호성, 신관호. 전무이사: 이번영. 구 조합 자산을 시가로 계산해 인수하고 구 조합원은 가입금 없이 가입 신청서만 받아 조합원이 되도록 의결함.

12월 24일 제1차 이사회. 정해일 직원 채용. 조합원 최소 출자액을 4구좌 2만원으로, 납입 기간을 1년으로 함. 임원 전원이 각 10만원 이상씩 출자하기로 하고 주옥로 풀무신협 이사장을 지도 고문으로 추대.

1984년 1월 28일 풀무신협 제11차 정기총회에서 신협 신축 건물 1실(약 25평)을 풀무소협 구판장으로 임대하기로 의결.
  2월 10일 정규채 이사 사임으로 이사회에서 최성봉 이사 보선.
  2월 12일 제3차 이사회에서 이원헌 이사장과 권태문 부이사장 사임. 배성덕 이사를 이사장 및 부이사장 직무 대행으로 선출하고 다음 총회까지 1년간 직무를 수행하기로 의결. 이사장을 사임한 이원헌을 이사로 보선. 조합의 민주적이고 효과적인 운영을 위해 다음과 같이 전문 분야별 위원회 구성.
  ▷ 재정운영위원회: 주옥로, 이원헌, 채승병, 노비봉, 주호정, 한원전, 이기모
  ▷ 교육홍보위원회: 홍순명 신관호, 최석범, 권태욱
  ▷ 구입판매위원회: 주정배, 오영남, 주호창, 이승진, 김경애
  ▷ 생산유통위원회: 최성봉, 주정하, 이은겸, 주형노.
  2월 20일 풀무신협 새 청사 1실(25평)에 구판장 개점. 조합원 93명. 출자금 73만 2,140원, 차입금 353만원, 총자산 426만 2,140원으로 비품 29만 5,430원 구입, 상품 850종 374만 3,530원 매입하여 판매 시작. 개점 당일 17만 7,520원 매출.
  3월 5일 홍동 면내 한 가게에서 안내장을 인쇄하여 면민 대다수에게 발송. 내용의 요점은 "그동안의 불편과 가격 차이가 있었음을 시인하고 새로운 각오로, 싼 가격으로 좋은 상품을 팔겠다. '소비자 단골 카드'제를 도입하여 거래(소비) 실적에 따라 이용자 배당을 드린다. 한 가정 한 권의 거래 카드를 교부하겠다. 가입비도 출자금도 없이 정기적으로 회원 배당을 드린다. 오셔서 잘못된 점이 있으면 상의해 주면 시정하여 소비자의 편의를

제공하겠다"는 것. 또 인근 가게들은 상품 판매 가격을 내리고 풀무소협에 들어오는 도매 공급 차량을 통제했다. 풀무소협에서 물건을 구입하면 숨긴 채 다른 가게 앞을 지나가거나 돌아가는 주민들이 다수 발생.

3월 8일 제4차 이사회에서 조합원이 물건을 구입할 때 조합원 이용고를 파악하기 위하여 이용권(상품 구입 가격을 기록하는 영수증)을 발행해 왔으나 조합원이 보관할 수 없다는 여론에 따라 개인별 이용 카드를 만들어 조합에 비치하기로 하다. 조합원이 물건을 구입하고 번호 순으로 배열된 카드를 뽑아 구입 금액을 스스로 기록하고 직원 확인을 받는다.

3월 20일 개점 후 1개월 간 실적 발표. 상품 매입 1,002만 6,751원, 매출 452만 3,222원(하루 평균 15만원). 출자금 169만 1,840원, 조합원 131명으로 증가.

3월 25일 재정운영위원회 개최. 위원장에 채승병을 선출. 조합의 재무 구조 및 운영 상황을 분석하고 필요한 자금 100만원을 4월 말까지 차입하고 출자금을 100만원 증액시키는데 위원이 적극 활동하기로 하다.

3월 26일 생산유통위원회 개최. 위원장에 최성봉 선출. 소협의 활성화는 공산품 판매만으로는 부족하므로 농산물의 공동 출하 방안을 연구 계획하기로 하고 우선 고추, 마늘, 마령서 감자에 대한 공동 출하를 위해 소비처와 조합원의 공급 능력을 조사하기로 하다.

3월 28일 구입판매위원회 개최. 위원장에 주호창을 선출. 조합원의 불만사항 및 가격을 분석, 검토하다. 음류수, 맥주, 포스타칼라, 비누, 국수 가격을 검토한 후 음료수와 포스타칼라 값을 내리기로 하다.

4월 1일 소주류 인상을 계기로 경쟁 세 가게를 방문해 대화를 하다. 우리의 목적은 경쟁이 아니고 협동으로 더불어 살고자 하는 것이므로 서로 협력하자고 제안해 동의를 얻다.

4월 13일 교육홍보위원회 개최. 위원장에 신관호 선출. 조합의 이사, 감사

등 임원은 반드시 중앙의 교육을 받도록 하고 조합원 교육을 위해 여름과 겨울 2회에 걸쳐 농민대학을 개강하기로 하다. 교육 내용은 소협론, 농민 소득 증대 방안, 농민 보건에 대하여 전문 강사를 초청하기로 하다. 또 부락 교육을 위해 33개 부락을 순회하며 좌담회를 열기로 하다.

1989년 조합원 241명, 출자금 874만 1,000원(141만 7,000원 증가)
　　주 거래처: 한국여성민우회생협, 서울 강남소협, 홍성주부생활협동회, 서울 함께가는생협.
　　네덜란드 지원금 2,450만원 지원으로 1층 철근 콘크리트 슬라브 지붕 건평 38평 사옥 신축(운월리 송풍)

1990년 출자 배당 18.82퍼센트, 이용고 배당 5퍼센트 지급.
　　주 거래처 11곳으로 증가. 악성 외상 매출금 발생 시작.

1991년 출자 배당 8퍼센트, 이용고 배당 2퍼센트 지급.
　　10월 15일 사옥 공산품 판매장 39평 증축, 농산물 입출고장 기공 23.4평, 건축비 5천만원 예상

1992년 출자금 배당 10.5퍼센트, 이용고 배당 3퍼센트 지급.
　　3월 28일 총회 시 사옥 준공 기념식. 풀무유기농업생산자회 35명 조직. 1,358만원 손실

1993년 풀무소비자생활협동조합(풀무생협)으로 명칭 변경.
　　주 거래처 18곳으로 증가. 출자금 4억 3,817만원으로 증가.

1994년 10차 정기총회(3월19일)에서 전년도 손실 1,800만원 보고

　　　유기농업생산자회 41명으로 증가.

　　　공산품 판매 81,915,468원

　　　성장 둔화 이유: 주문량의 70퍼센트 공급. 공산품 매출 저조로 분석 보고

1995년 6월 6일 오리 입식 행사 시작

1996년 한살림과 물류 연합

1997년 생협수도권연합(현 두레생협연합)와 물류 연합

1998년 21세기생협연대(현 한국생협연대)와 물류 연합

　　　친환경 유기농산물에 대한 국가 인증 제도 시작

1999년 농민 생필품과 농자재 등 공산품 판매 완전 중단, 유기농산물 직거래 집중

2000년 생활협동조합법 시행으로 법에 의한 법인 설립.

　　　유기농산물 직거래 16억원, 출자금 16억 2,016만원으로 증가.

2001년 5월 4일 풀무생협 소식지 창간.

　　　9월 21일 홍성읍 남장리 유기농산물 판매장 30평 개점.

　　　친환경농업지구 사업 자금 10억원 배정으로 물류센터 건립 구상.

2002년 농림부로부터 농산물유통센터 자금 배정으로 홍동면 금평리에 산지

　　　물류센터 건립

홍성읍 매장 개인에 매각

2003년 생협 산하에 풀무환경농업영농조합법인 설립, 경종농업-축산 유기순환농업 지향.
　풀무식혜 캔 출시.
　갓골어린이집 유기농산물 급식 재료 배송.
　홍동초등학교 급식 시작.
　장학 사업(전공부 2명 1년 등록금 전액 지급).
　금평리 257번지 배밭 4,436평 1억 3천만원에 매입 벼 저장 창고 160평 건립, 건조기, 사이로 등 시설.
　운월리 구 건물 매각.
　유기축산위원회 등 품목별 작목반 결성, 생산자 복수화 추진.

2004년 생협연대와 업무 협약 체결, 전산 프로그램 개발, 온라인 판매 시작.
　유기농업생산자회 해산, 작목반 중심으로 개편. 쌀작목회 9개에서 17개로 확대.
　일본 시모고농협 일행 내방 자매결연 합의.
　중국 강소성 아시아오리농업대회 참가.
　유기농 벼 2천톤 수매 완료, 유기축산 한우 월 10두 출하, 돼지 작목반 결성, 벼 도정 부산물 전량 조합원에 공급 등 생산자조합으로 전환 확고히 함.
　도농 직거래 판매 활성화.

2005년 쌀 개방 확대로 농업 환경 경색. 직거래 소비단체 정체, 친환경 전문 매장 매출 감소, 친환경 면적과 생산량은 20-30퍼센트 늘어나 어려움 가중.
　매출 103억 달성.

쌀, 채소, 축산 3대 생산위원회와 60개 기초 생산 조직 작목반 결성.

논 150만평, 밭 35만평 유기필지 확보. 3대 축종 순환형 축산 구축.

학교 급식 홍성군 전체로 확대.

조합 직원 14명으로 늘고 재배 면적 150만평 육박 최고조 달해.

2006년 1월1일 부로 풀무환경농업영농조합 법인 설립.

주곡 사업에서 10억 4,000만원 당기 손실.

수매가 10퍼센트 낮추고 손실 보존금 5퍼센트, 생산 안전 기금 3퍼센트, 건조비 상승으로 조합원 소득 감소하면서 참여 농가 이탈 현상 나타나.

생협연대 및 민우회 소비자 단체 모금으로 10억 3년간 무이자 지원 유통성 자금 해결.

2007년 쌀 기반 시설에 30억 투자(농촌종합마을사업 12억 5천만원, 홍성군 친환경쌀특화사업 18억원 등).

저온 저장 싸이로 500톤 2기. 벼 저온 보관 및 자재 창고 300평 시설.

친환경 벼 3천 톤 저온 보관 시설 완비.

시간당 20톤 산물 벼 정산, 2.5톤 도정 가능.

외부 도정을 자체 도정으로 바꿔 연간 1억원대 비용 절감.

유기농 벼 과잉 생산과 소비 위축 대응 위해 소비자 단체와 협의 수탁 판매 제도 실시.

2008년 축산 생산 관리 전담 풀무축산(주) 설립

143억 매출. 축산이 53억 39.7퍼센트로 가장 많고 주 잡곡 32.9퍼센트, 채소류 16.5퍼센트, 가공 10.8퍼센트.

조합원 890명. 생산 농민 333명 3개 생산위원회 산하 59개 작목반 운영.

논밭 130여 만 평 농토에서 유기 농산물 생산.

128개 거래처에 직거래 공급. 직거래 72퍼센트, 일반 출하 21.8퍼센트, 기타 매출

인증 확대. 전 축종 인증.

5년간 노력한 무항생제 축산업 제도화.

떡 가공 공장 건립.

2009년 149억 매출. 외부 컨설팅으로 부실한 회계 정리.

8월부터 신성식 아이쿱생협 경영총괄 이사에게 경영 이사로 위촉해 경영 혁신 추진. 아이쿱생협 소속으로 이관 생산 관리 및 업무 효율화 위해 쌀센터 및 생산 관리 부서 사무국 직원 아이쿱으로 소속 변경.

자금 유동성 악화시키거나 전문성 갖추지 못한 것으로 판단되는 사업 중단.

사회적일자리 창출 사업 시작.

영농사업단 농협 쌀 작목회와 출범.

금평 문당 일대 185농가 30만평 경운 이앙 수확 곤포 등 영농 대행.

생협연대에 물류 및 회계 위탁(아웃 소싱).

대의원 제도 도입.

2010년 2월 26일 정기총회 풀무생협과 풀무영농조합을 분리 정비하기로 의결.

10월 8일 홍성환경농업관서 임시총회 3년간 출자금 상환 유보 결정.

2011년 3월 29일 대의원 정기 총회 이사 7명 선출. 소비자조합으로 분리.

2013년 7월 1일 홍성읍 20평 판매장 개업

맺는글
오래된 꿈

나는 홍성군 홍동면 금평리 김애마을 반늘골 258번지에서 태어나고 자랐다. 나는 1960년 풀무학교 중등부에 3회로 들어갔다. 졸업하던 해인 1963년에 풀무농업고등기술학교가 연장 개교돼 1회 입학생이 됐다. 풀무학교 6년은 하루하루가 즐겁고 행복한 순간들이었다. 열심히 공부했다. 선생님과 학생들이 어울려 일하고 씨름하며 노래 부르면서 인생이란 무엇인가, 세상을 바꾸기 위해 무엇을 어떻게 할 것인가 밤새 토론했다. 한 친구는 오서산을 사들여 목장을 만들겠다는 포부를 밝혔다. 나는 홍동에 서울을 만들자고 주장했다.

1960년대는 우리나라 농촌 인구가 대도시로 썰물처럼 탈출하는 시기였다. 홍동면 인구는 1965년 1만 6,242명을 정점으로 가파르게 하향 곡선을 그려 2018년 2월 말 현재 3,476명으로 줄어들었다.

사람들이 도시로 몰려가던 당시 풀무학교 선생님들은 "도시 문명은 구정물 문명이며, 농촌 문명은 샘물 문명이다. 시골 자갈 논 팔아 대학에 들어가 공부해 높은 자리에 앉아 있는 자들이 나라를 망치고 있다."는 말을 수없이 했다. 우리는 서울로 가거나 무리하게 대학에 진학하는 사람은 정신이 제대로 박히지 않은 사람이라는 생각을 의식, 무의식적으로 갖는 분위기였다. 나는 교내 웅변 대회에 나가 "우리는 서울로 몰려가지 말고 서울을 홍동으로 끌어오자."고 호소했던 것이다.

그러나 우리는 풀무학교에서 배우고 품은 이상을 학교 밖에서 그대로 실현할 만큼 훌륭하지 못했다. 학교를 나온 후 많은 친구들이 시류를 거스르지 못하고 서울로 올라갔다. 나는 이왕 홍동을 떠난다면 가장 멀리 가야겠다며 부산까지 내려갔다. 공무원 채용 시험에 응시, 부산시 공무원이 됐다.

나는 풀무학교에서 연극을 좋아했다. 재학 중에 연극을 만들고 출연하기를 아마 열 번은 한 것 같다. '농촌 연극 문화'라는 제목으로 창업 논문도 썼다.

그런데 참 희한한 일이다. 가상의 미래를 연극으로 그렸다가 실제화되는 수가 있어 스스로 놀라기도 했다.

1965년 추석 날 밤, 풀무학교 뒷산 언덕에 가설 무대를 설치해 놓고 1000여 명으로 추정되는 홍동 면민들을 초청해 '흥부와 놀부' 연극을 올렸다. 동급생으로 착하게만 생긴 친구 최어성 군이 흥부를 맡고, 내가 놀부 역으로 분했다.

시골에서 건달로 지내다 무작정 상경해 돈 좀 벌은 후 내려와 국회의원에 출마하는 현대판 놀부를 그린 연극이다. 신사복을 입고 놀부로 분장한 나는 마이크 앞에서 국회의원 후보 정견 발표를 했다.

"사랑하고 존경하는 홍동 면민 여러분, 날 보고 시골이 싫어서 서울 간 놈이라고 욕하지만 생각해 봅시다. 도대체 해 먹을 것 없는 이 동네서 다녀봐야 운월리, 구정리, 금평리, 문당리를 다람쥐 쳇바퀴 돌듯 다니며 무슨 재미로 살란 말이오. 당신네들 농사 지어 보니 먹고 살만 합디까? 서울에 올라가 보니 집도 많고 사람도 많고 다닐만 합디다.(중략) 여러분, 기호 3번 연놀부 후보가 국회의원에 당선되면 논 한 마지기에 쌀 열 가마씩 생산하게 할 것이며, 장가 못 가는 노총각, 시집 못 가는 노처녀는 눈을 씻고 봐도 못 보고…." 등 허황된 공약을 남발하며 그런대로 사회 모순을 지적하는 연설을 신나게 했다.

개표 결과, 놀부는 큰 표 차이로 보기 좋게 떨어진다. 그의 삶이 망가진다. 반면 홍부는 유기농업을 하며 착실하게 살아가는 내용이다.

부산시 동구청에 근무하던 어느날, 나는 공무원 교육 과정에 며칠간 들어갔다. 새마을 운동 과목 시간에 한 초청 강사가 평생 동안 신념을 갖고 마을 만들기 사업에 투신, 동네를 바꿔 놓은 성공담을 감동적으로 들려주었다. 나는 가슴이 뭉클하며 눈물이 주루룩 흘렀다. 마음속으로 되뇌었다.

"내가 풀무학교에서 배운 게 저건데. 나는 지금 어디에 서 있나? 나는 무얼 하는 사람인가?"

부산시 공무원 생활 5년째 되던 1979년, 사표를 던지고 홍동으로 귀향했다. 홍동에서 풀무학교 행정실, 풀무생협 창립 실무, 《풀무》지 발행, 《홍동소식》 발행, 《홍성신문》 창간 등 일들을 즐겁게 했다. 나는 홍동의 '나뭇꾼'이 돼 서울에서 풀무학교로 내려온 '선녀'의 날개옷을 감추고 부부 인연을 맺기도 했다.

그런데 내 일생에 두 번, 기억에서 지워 버리고 싶은 토막이 있다. 홍성읍에서 광역 지방 의원에 출마해 보기 좋게 낙선한 일이다. 그것도 두 번이나. 내 연극의 놀부가 됐던 것이다.

풀무학교에서 근무하던 1979년 4월 23일, 개교 21주년 기념행사 프로그램으로 2학년 학생들과 나는 '철쭉꽃 필 무렵'이라는 단막극을 만들어 무대에 올렸다. 내용 중 일부를 옮기면 다음과 같다.

연극에서 설정한 때는 공연하는 날부터 정확히 29년 후인 2008년 4월 23일, 풀무학교 개교 50주년이 되는 날, 장소는 홍동일보 신문사 편집부 사무실이었다. 무대 가운데 벽에는 2008년 4월 달력이 걸려 있고, 세 명의 여인이 책상에 앉아 열심히 일하는 가운데 막이 열린다. 160센티미터가 넘는 키에 검정색 양장 차림의 이경숙 편집부장이 의자를 옆으로 내놓고 다리를 포개고 앉아 '월간 홍동'이라는 제호가 선명하게 보이는 400페이지짜리 잡지를 읽고 있다. 요란한 전화벨 소리가 길게 울린다. 이 부장이 수화기를 든다. 문당리 오봉산 골짜기로 봄의 전령 철쭉꽃 사진을 찍으러 간 김 기자로부터 걸려온 전화다. 꽃을 찾지 못했다는 김 기자의 볼멘소리에 한참 시달린 이 부장이 수화기를 내려놓고 직원들에게 훈계하듯 말한다.

"여러분 잠깐 들어봐요. 봄이란 그렇게 간단하게 오지 않는다는 걸 알고들 있소? 한 송이 철쭉꽃이 피기까지 얼마나 많은 천둥과 비바람이 필요한지 아나? 한 줄 기사, 한 장의 사진을 올리기까지 얼마나 많은 노고가 필요한지 실감하지 않소? 신문이 우리 생활에 필요한 만큼 그 과정도 간단치 않아요. 21세기는 저널리스트의 시대가 온다고.

20세기 세계적인 신학자 칼 바르트가 뭐라고 했는지 아나? 한 손엔 성경을 한 손엔 신문을 들고 살라. 신문만 읽고 성경을 안 읽는 자, 성경을 읽고 신문을 안 보는 자 모두 허공을 찌르는 것이라고 했단 말이지. 또 제퍼슨은 뭐라고 했는지 아나? 신문 없는 정부보다 정부 없는 신문을 택하겠다고 했어. 신문기자는 무관의 제왕이오 신문은 사회의 목탁이라고…."

타자기를 두드리던 이성남 기자가 "부장님 또 시작이시군요."라는 말로 가로채며 화제를 돌려 편집부장의 사설이 중단된다.

양복을 깔끔하게 차려입은 주정건 홍동면장과 정명희 전도사가 등장해 직원들과 반가운 인사를 나눈다. 그들은 풀무학교 개교 50주년 기념식에 참석하러 가던 길에 들렀다고 말한다.

〔주 면장〕 지난번 선거에 적극 협조해 주셔서 감사드립니다. 진작 와서 인사드렸어야 하는 건데.

〔이 부장〕 면 행정을 맡아 짐이 무거워지셨겠습니다. 주 면장님은 국회의원도 지내셨기 때문에 면 행정 정도야 누워서 팥떡 먹기겠죠. 좋은 사회 홍동 건설을 위해 주 면장 역량을 기대하겠습니다.

〔주 면장〕 국회의원은 비판과 민의 파악이 중요 임무라서 공부만 좀 하면 됐지만, 면 행정이란 아시다시피 주민과 만나는 최일선 종합 행정이라 더 중요하고 어렵습니다. 더욱이 홍동은 국제 지역이라서 부담이 큽니다. 또 옛날이야 위에서 시키는 대로 하기만 하면 됐지만, 지금은 전부 우리 손으로 기획하고 추진해야 하는 것 아닙니까?

〔이 부장〕 아, 그렇겠군요. 하는 일도 옛날과 많이 다르죠?

〔주 면장〕 옛날 행정에서 필요 없는 건 많이 사라지고 복지 중심으로 새로운 과제들이 많아졌어요. 전에는 예비군과 병사 업무까지 있어서 참 어려웠죠. 그도 그럴 것이 그때는 우리나라가 남북통일도 안 돼서 남과 북이 갈라져 싸우느라고 날 새고 자유와 평화는 우리뿐만 아니라 세계 도처에서 위협받고 있었으니까요.

〔이 부장〕 선거가 끝나고 취임한 지 이제 2주일밖에 안 됐지만 우선 착수하려는 역점 사업이라도 있으신가요?

〔주 면장〕 울타리와 대문 없애기를 우선 생각해 봤어요. 평화와 사랑, 협동 정신의 실현이 홍동 면민들의 자랑인데, 아직도 저녁이면 대문을 잠그고 자는 사람들이 있단 말입니다. 울타리와 대문은 20세기 도둑이 많고 이웃 간 믿음이 없던 시대의 유물인데 아직도 그런 잔재가 남아 있는 건 홍동의 수치입니다.

〔이 부장〕 참 좋으신 정책입니다. 그리고 정 선생께서는 아프리카 전도 여행 다녀오셨다면서요? 거기 기독교는 어떻습디까?

〔정 선생〕 이번 아프리카 여행 답사기를 문집으로 내려고 원고 정리 중

인데, 글쎄 한 마디로 말씀 드리긴 어렵지만 그들도 종교를 서양에서 처음 받아들였기 때문에 문제가 좀 있더라고요. 교회가 건물과 직책 같은 형식에 매여 있고 자본에 영향을 받고 관료화돼 있고 뭐랄까 토착화되려면 시일이 많이 걸려야 할 것 같더라구요. 뭐, 20세기 우리나라 기독교와 똑같죠. 우리도 그때 마찬가지였지 않습니까? 교회당 짓기 경쟁이나 하고 돈과 정치 권력 앞에 무릎 꿇는 종교 지도자들이 얼마나 많았습니까? 종교와 세속이 구분돼 있어 신앙과 실천은 별개로 알지 않았습니까?

주 면장은 그밖에 갓골, 금평리, 수란리 등 홍동면내 여러 곳에 형성된 공동 마을의 식품가공공장에서 만들어지는 제품의 해외 수출 실적이 호조를 보이고 있다는 등 홍동의 산업 현황들을 전한 후 퇴장한다.
그들이 나가자 이성남 기자가 이 부장에게 질문한다.

〔이 기자〕 부장님, 부장님 풀무학교 다닐 때도 이렇게 개교 기념식이 거창했어요?
〔이 부장〕 그땐 교내 행사만 해서 간단했지. 외국에서 오는 사절단도 없었고. 홍동면에 신문사나 잡지사, 방송국도, 대학도 없었으니까 내용 전달도 제대로 안 됐고.
〔이성남〕 대학도 없었다고요? 그럼 대학교 진학하고 싶은 사람은 어떻게 했어요?
〔이 부장〕 그땐 대학이란 게 이상했어. 지금이야 대학 가기 위해 서울

로 가는 사람이 없지만 그땐 대학이 서울 집중과 취직 조건으로 이용됐거든. 교육 내용도 지금처럼 실무 중심이 아니었고.

〔이성남〕 정말 웃겼겠다. 무슨 학교가 그랬어요?

〔이 부장〕 그런 소리 마. 이 부장 부친도 풀무학교 1회 졸업생이지만 풀무학교도 초창기는 많이 불편했다구. 한쪽선 무너진 교실 흙벽을 바르며 한쪽선 공부했다는 거야. 교실을 짓는데 대령리서 대들보를 나르다가 탈장으로 입원하는 학생도 있었지. 그러나 그들의 이마엔 땀이, 가슴엔 두근거리는 꿈이 충만했다는 거야. 교사와 학생들은 낮이면 마을에 나가 유리조각을 줍고 밤을 새워가며 토론을 일삼았다고. 그렇게 진지하게 일하고 공부하며 달군 그들이 지금 이 나라 양심의 대표적 인물들로 추앙받고 있지 않나?

철쭉꽃 취재 나갔던 김 기자가 들어와 사직서를 내놓고 불평을 늘어놓는다.

"부장님이 주장하시는 홍동의 유토피아는 언제나 온단 말입니까? 이제 전 집에서 빵이나 굽다가 시집이나 갈래요. 문화? 그것이 밥 먹여줍니까? 홍동 지역이 이만큼 발전된 원인이 어디 있다고 생각하십니까? 책이나 내고 연극이나 하고 앉아서 펜대나 끄적인다고 계란이 하나 더 생산됩니까? 치즈가 더 잘 구워집니까? 난 더 이상 이런 신문사 일은 집어치우겠습니다. 누군가 말했다지요? 문화는 부의 기반 위에서만 번영하고, 부는 자본의 축적을 통해서만 커지며, 자본은 정당한 보수를 받지 않는 사람들의 노동에서 만들어지는 것이라고. 다시 말해 문화란 배부른 사람들이 심심풀이로 하는 도락인 것 같아요."

이경숙 부장의 사설이 다시 이어진다.

"그야 김 기자가 어떻게 생각하던 자유지. 빵을 굽든, 시집을 가든. 그러나 나도 할 말이 있네. 문화는 배고픈 사람에게 빵을 공급하지는 않아요. 그러나 사람이 빵으로만 사나? 지금 김 기자에게 문제는 빵이 아니잖아? 문화란 예술, 학문, 종교, 정치, 경제 등 모든 부문에 걸쳐 있다구. 문화란 독자적으로 존재하는 게 아닐세. 물론 정신문화와 물질문화를 구분하는 건 어느 정도 허용하더라도 양자 간 명확한 본질을 찾기란 불가능한 일이오. 20세기만 해도 도시생활과 농촌생활이 얼마나 차이가 많았는지 알기나 하고 말하는 거요? 도시는 사람이 몰리고 퇴폐적인 문화의 공해 때문에 질식을 했고, 농촌은 젊은 사람이 없어서 발전이란 게 없었는데 그 젊은 사람들이 왜 농촌을 떠났는지 아나? 농촌에 문화가 없기 때문이었소. 우리가 처음에 홍동 문화를 부르짖을 때 사람들은 공상이라고 비웃었지만 막상 그것이 하나하나 실현돼가니까 제일 처음에 나타난 효과가 무엇이었는지 아오? 젊은 사람들을 농촌에 붙잡을 수 있었다는 거야. 그리고 그들이 오늘의 홍동을 만들었다는 걸 생각해 봤소?

김 기자가 대꾸한다.

"그러면 그것이 어째서 기독교 문화 때문입니까?"

이 부장이 대답한다.

"기독교의 본질은 사랑의 실천이라고 생각해요. 오늘날 홍동 번영의 가장 큰 요인은 협동이었다고 생각해요. 그런데 이 협동과 사랑의 실천이란 같은 것이라고 보아요. 다시 말해 협동과 사랑은 한 가지를 다른 쪽에서 본 것이 아닐까?"

연극은 이 밖에도 29년 후 홍동의 여러 모습을 부풀려서 코믹하게 그린다.

등장인물들은 낮 열두 시가 돼 홍동방송국 라디오 종합뉴스를 듣고 점심 식사를 위해 퇴장하는 것으로 막이 내린다. 라디오의 빠르고 경쾌한 음악소리가 서서히 낮아지면서 미리 녹음한 남여 2명의 아나운서 목소리로 전하는 뉴스는 다음과 같다.

"2008년 4월 23일 홍동방송국 정오 종합뉴스 -음악- 이 시간 담당에 아나운서 주은자 서성철입니다 -음악-.

풀무학교 50주년 개교 기념식이 오늘 오전 10시 이 학교 대강당에서 지방 유지, 졸업생, 국내외 귀빈 등 500여명이 참석한 가운데 열렸습니다. 기념식은 3부로 나눠지는데 1부는 기념식, 2부는 재학생들의 면내 가장행렬, 3부는 저녁 7시부터 홍동문화센터 7층 대강당에서 기념 만찬회로 열릴 예정이라고 합니다. 만찬회에는 풀무학교 부설 유치원과 풀무대학 학생들의 찬조 공연도 펼쳐질 것으로 전해졌습니다. 한편 올해 89세를 맞는 주옥로 전 이사장은 축사를 통해 홍동지역공동체가 국내뿐만 아니라 세계적인 모범 지역으로 우뚝 서기까지 풀무학교의 지역사회 교육이 결정적인 역할을 했다고 말하며 관계자들에게 노고를 치하했습니다.

다음 소식.

정규채 홍동협동조합연합회장은 4월 22일 비행기 편으로 홍성공항을 출발, 브라질로 떠났습니다. 브라질 지방정부 초청으로 두 나라 지역사회 협동조합연구회 발족을 위해 떠난 정 회장은 돌아오는 길에 남아메리카 여러 나라 지역사회 주민들의 협동조합 운영 실태를 돌아보고 5월말 귀국할 예정입니다.

홍동일보사가 주최하는 금년도 농업기술상은 문당리 주형로 씨가 선정됐다고 발표했습니다. 심사위원회는 주형로 씨는 지난 30년 간 육종에 전념하여 우수 품종 개량에 기여한 공로를 인정했다고 밝혔습니다.

주정견 홍동면장은 취임 후 첫 번째 기자회견에서 금년도 홍동면의 역점 사업은 모든 농가를 태양광 주택으로 바꾸도록 지원하겠다고 말했습니다. 한편 풀무학교 태양광연구소는 주택은 물론 건조기, 밥솥, 냄비, 그리고 도시락에 이르기까지 일상 생활용품을 태양광 제품으로 제작에 착수, 태양열에너지 시대를 가속화시키고 있습니다.

소비에트공화국 레닌그라드 지역사회 대표단 8명이 홍동의 유기농업 연구 농장을 견학하기위해 오늘 오전 전세기 편으로 홍동에 도착했습니다. 한편 코시네프 단장과 그 일행은 시찰을 마친 후 주정배 연구소장과 대담을 갖고 두 지역사회의 유기농업 문제를 협의할 것으로 알려졌습니다.

다음은 행사 소식입니다. 대평리 공동마을에서는 어제 오전 10시 음악협동조합 창립총회를 가졌습니다. 춘계 각 리별 친선 씨름대회에선 월현리가 1위를 차지하고 금평리, 구정리가 그 뒤를 이었습니다. 홍동도서관 5층 소강당에서는 이달 25일부터 이창우 씨 목각 전시회가 열립니다. 공예가 이창우 씨는 1979년 풀무학교 교실에서 소규모로 목각을 시작한 이래 2만여 점의 한국 고유 작품을 만들었는데 이번 전시회에 그중 1,300여 점을 선보인다고 합니다. 농촌 문화의 산 증인 신관호 씨 시집 〈전망대 제4집〉이 나왔습니다. 신관호 씨가 30년 동안 심혈을 기울인 역작이 원색 화보가 곁들여 수록된 〈전망대 4집〉은 국판 양장에 풀무출판사에서 발행했으며 값은 8,500원입니다…"

이 연극에 나오는 배우 이름은 모두 실명이고, 내용에 등장하는 기관장 및 지체 높은 사람들 이름은 그날 객석에 앉아 있는 학생이거나 모두가 알고 있는 졸업생들이어서 관객의 폭소를 연발시켰다. 예를 들면 당시 60세인 주옥로 선생이 객석에 앉아 관람하고 있는데 "89세 주옥로 전 이사장 축사" 소식을 전하는 식이었다.

나는 이 연극 대본을 만들어 무대에 올린 뒤 29년이 지난 2008년 4월 23일, 실제 풀무학교 개교 50주년 기념식에서 '풀무 교육 50년' 영상 다큐멘터리 제작을 맡아 상영하는 기회를 갖게 돼 참으로 행복했다. 연극에서 그렸던 모습들 중 여러 가지가 실현됐기 때문이다.

연극 무대였던 홍동일보 편집부 사무실은 그로부터 9년 8개월 뒤 홍성읍 전망 좋은 자리에 3층 건물로 우뚝 선 홍성신문사 나의 편집국장실로 부활했다. 연극에서 언급된 풀무학교 부설 유치원은 그 다음해에 갓골어린이집으로 실제화 되고 풀무대학은 21년이 지난 후 풀무학교 생태농업전공과정으로 실현됐다. 연극 첫 장면에서 편집장이 읽던 두툼한 잡지 《월간 홍동》은 2004년부터 《아름다운 홍동》이란 이름으로 발행됐다. 뉴스에 나온 5층짜리 홍동도서관은 2011년 갓골에 3층 홍동밝맑도서관으로 우뚝 섰다. 연극에서 육종학자로 등장시켰던 주형로는 유기농업 전문가가 돼 한국 정농회 회장을 맡아 생태농업을 전국에 전파하고 있다. 연극에서 '홍동협동조합연합회장'으로 등장시켰던 정규채는 풀무신협 설립 실무 주역으로 참여, 34년 동안 평생을 바쳐 키운 다음 2011년, 한국 신협 50주년 기념식장에서 한국 신협 육성 공로로 국무총리 훈장을 받고 이듬해 세상을 떠났다.

나는 농촌에서 태어나고 자란 농민의 자식이지만, 평생 동안 농사를 짓지 않으며 농촌에 살고 있다. 나는 지역 운동이나 사업의 중심에 서지 못했다. 항상 일의 주체가 되지 못하고 주변부에서 맴돌았다. 남들이 하는 일을 구경만 하며, "쟤가 잘한다더라. 쟤는 문제가 있다더라."는 소식을 옮기기만 했다. 농업을 어렵게 만드는 당국에 맞서 농민들이 머리띠를 두르고 아스팔트에 앉아 싸울 때, 나는 옆에서 사진을 찍고 유인물을 만들어 다른 사람들에게 전하는 일만 했다. 그런데 그게 직업이 됐다. 내가 처음부터 신문을 만든다거나 기자가 되려고 생각한 건 아니었다. 그러려면 신문학을 공부하고 신문사 경험이 필요했을 텐데 그런 생각을 해 본 적이 없다.

  하여튼 나는 지역 신문을 만들고 기자가 되어 성취감을 갖고 즐겁게 일했다. 신문은 소식을 전하는 일과 함께 지역사를 기록하고 권력의 부정을 감시하며 지역의 문화와 산업을 진흥시키고 지역공동체를 활성화시켜 지방자치에 없어서는 안 되는 동반자였다.

  홍동에서 태어나 풀무학교 중등부와 고등부에서 배운 뒤 평생을 일하며 사는 것이 행복했다. 그러나 어느 한 가지도 만족스럽지는 못했다. 무엇에도 전력을 기울여 보지 못했다는 아쉬움이 크다. 그러면서도 더 나은 홍동을 위해 풀무학교가 오늘의 홍동이 있기까지 어떤 역할들을 어떻게 해왔는지 과정을 살펴봤다.

  풀무학교 설립자들의 지역사회 교육을 비롯해 협동조합과 풀뿌리 지역 언론의 태동, 홍동밝맑도서관이 설립된 과정 등을 더듬어 봤다. 이들의 뿌리가 풀무학교 교육에서 싹텄다는 것도 밝히고자 했다.

풀무학교가 홍동 지역을 조금이라도 변화시키고 있다면 무엇이, 어떻게 그런 파급력을 가져 올 수 있었던가 하는 것이 이 글의 핵심이다. 나는 설립자들이 믿었던 무교회주의 기독교 신앙에서 그 생명력을 찾았다. 제도와 형식을 배제하고, 진리의 원형을 추구하는 신앙의 개혁성에서 사회 변혁의 동력을 찾았다.

이 같은 바탕 위에 세워진 풀무학교 교육은 다음 세 가지 방법으로 홍동을 바꾸는 동력이 되었다고 본다. 첫째, 한 개인의 인생관과 사회관을 올바로 갖도록 교육시켜 그들이 지역사회에서 비전을 갖고 실천하게 했다. 둘째, 홍동면 전체에 그런 변혁의 공기가 감돌고 있다. 셋째, 일정 시점이 되면 누가 앞에서 이끌 필요가 없이 자가 발전하고 있다는 점이다. 다시 설명하면 다음과 같다.

이앙기가 나오기 전, 사람 손으로 모를 심으려면 시간이 많이 걸리기 때문에 마을에서 품앗이로 순서를 매겨 한 집씩 심어 나갔다. 논에 엎드려 이런저런 이야기꽃을 피우다 보면, 어려움도 잊은 채 논배미가 벼 포기로 파랗게 채워졌다. 말재주 있는 사람의 옛날이야기는 인기였다. 모심는 날은 논 바닥이 마을 언론 광장이었다.

1960년대 말까지 모내기 철이면 풀무학교 학생들도 마을에 나가 모를 심었다. 어느날 그렇게 모를 심는데, 내 옆에서 모를 심고 있는 홍순명 선생의 19세기 사상사 논바닥 강좌가 펼쳐졌다. 나는 선생에게 "지구상에는 자본주의와 사회주의 두 가지 이념만 있는 겁니까?"라고 질문했다. 선생의 말씀 끝에 무심코 던진 질문이었고, 그렇다고 대답해 주셨다. 저녁 무렵, 일을 마치고 발을 씻고 걸어가는데 선생이 뒤에서 부르셨다.

"이 군, 아까 그 질문에 대한 대답 고쳐야겠어. 이 세상에는 자본주의와 사회주의 말고 또 하나가 있어. 협동주의야."

선생은 아마 그날 내게 주신 말씀을 기억하지 못할 것이다. 그러나 나는 이 말씀을 평생 동안 잊지 않고 협동조합에 대한 가치와 질문을 의식, 무의식 간직하며 살았다.

1980년, 홍동 지역 주민들이 설립한 풀무생협이 3년 만에 어려움에 처해 문을 닫게 됐다. 풀무학교 행정실장이던 나는 사표를 내고 풀무생협을 살려보겠다고 봉급도 없이 뛰어들었는데, 내면에 그런 의식을 품고 있었기 때문이다. 1983년, 생협을 해산하고 같은 이름으로 다시 결성, 전무를 맡아 열심히 일해 발전적인 조합으로 만들었다.

풀무신협은 해마다 2월이면 700명 내지 1,000명의 조합원이 학교 강당에 모여 정기총회를 연다. 최근에는 시간이 짧아졌지만 전에는 빵과 우유로 점심을 때우며 하루종일 토론을 통해 지난해 사업 결과와 새해 사업 계획을 심의하고 의결했다. 최근에 홍성읍으로 주 사무소를 옮겼지만 풀무생협도 마찬가지였다. 풀무신협 조합원은 대부분 풀무생협 조합원이다. 각각 일정이 따로 잡히는 두 조합 총회 날은 홍동에서 가장 큰 행사 날이다.

1,600여 세대가 살고 있는 홍동에서 (홍동면 인구는 많이 줄어들었지만 세대수는 크게 줄지 않았다) 많을 때는 1,000여 명의 세대주가 모여 조합 일에 대한 갑론을박 토론을 벌이며 치열한 선거를 통해 자신의 대표자를 선출하는 총회를 한 해에 두 번씩 50년 동안(풀무생협은 38년)

계속했다. 이 같은 주민 총회는 그 자체만으로도 민주주의 훈련장이고, 협동 정신의 실천 현장이며, 의식 개혁의 교실이었다.

다른 지역에서 협동조합을 만드는 사람은 특별한 지도자가 되지만, 홍동에서 무슨 일을 시작할 때 협동조합 식으로 시작하는 건 상식이 됐다. 다른 지역에서 유기농업 농사짓는 농민은 별난 사람 취급 받지만, 홍동에서는 유기농업을 안 하는 농민이 이상한 사람 대우 받는다. 그런 색다른 공기가 홍동 전체를 관통하고 있다.

정승관 전 풀무학교 교장이 다음과 같은 요지의 말을 한 적이 있다.

"풀무학교는 훌륭한 교사가 훌륭한 교육을 하고 있는 것이 아니다. 학생들 스스로가 좋은 교육을 받고 있다. 선배가 후배에게 또 그 후배에게…. 지난 60년 동안의 정신적 전통이 그런 교육 분위기를 만들었다."

홍동 지역에서 추진되는 각종 사업과 지역 운동 역시 마찬가지다. 특별한 지도자 없이 견고한 조직이나 네트워크도 없이 스스로 이웃과 더불어 사는 일들을 만들어 활동한다. 현재 홍동 지역의 단체, 기관, 각종 조직에 풀무학교가 직접 관련되거나 참가하는 졸업생은 없다. 예를 들면 홍동에서 가장 큰 기관인 각 학교, 갓골어린이집, 홍동농협, 풀무신협, 풀무생협, 홍동밝맑도서관, 마을활력소 등에 풀무학교 졸업생은 거의 없다. 도시에서 내려온 귀농·귀촌인들이 앞서가는 활동을 펴고 있으나 풀무학교와 직접 관련된 사람은 극히 드물다. 그러나 이 모든 풀무학교 국외자들은 홍동에서 풀무학교식 활동을 한다. 풀무학교는 그들에게 가르쳐 주지 않지만, 그들은 풀무학교 교육을 받고 있다.

이 같은 풀무 정신의 근원은 60년 전 학교 설립자들의 신앙과 철학과 이상으로 거슬러 올라갈 수밖에 없다. 이찬갑 선생은 "덴마크 그룬트비의 농촌 교육은 농업 기술이나 운동이 아닌 정신 교육으로 했다. 농업학과 비료학 과목 없이 산 역사와 산 제나라 말로 혼을 불어넣었다."는 점을 강조했다. 홍동에서는 조직 이전에 개인을 움직였다. 이 점이 다른 지역에서 홍동을 따라가기 쉽지 않은 지점이라고 생각된다.

홍동에서 새롭게 추구하는 많은 시도들이 오랜 시일이 걸리고 더러는 실패도 하지만, 일관되게 흐르는 맥은 한 줄기로 통한다. 어린이부터 대학까지 인간 교육, 유기농업, 이웃과 더불어, 자연과 함께, 기록물 발행, 책, 국내외 교류, 새로운 이론에 대한 과감한 실험 등이다. 풀무질 바람으로 거세게 타오르는 불길 속에서 무쇠가 농기계로 달궈지는 대장간처럼, 내일 또 무슨 작품이 나올지 기대를 걸어 본다.

이번영

1947년 홍성군 홍동면 금평리에서 태어나 홍성읍에 살고 있다. 풀무학교 중등부 3회, 고등부 1회로 들어가 이찬갑, 주옥로, 홍순명 선생에게서 6년간 교육을 받았다. 부산에서 장기려 복음병원장 사택 일요일 성서 모임에 5년간 나가며 서울에서 매월 내려오는 함석헌 선생을 접하고, 서울 YMCA 노평구 성서 집회에 2년 동안 나가며 믿음과 생각과 삶의 철학에 영향을 받았다. 풀무학교 행정실장, 풀무생협 창립 전무, 홍성신문 창간 편집국장을 맡았으며 홍성신문 대기자 및 논설위원으로 일하고 있다. 『용감했던 홍성 사람들』(2006, 글을읽다), 『대전충남언론 100년사』(공저, 2013, 대전언론문화연구원) 등의 책을 냈다.

충남 재발견 03
풀무학교는 어떻게 지역을 바꾸나

1판 1쇄 펴낸날 2018년 4월 23일

지은이 이번영
펴낸이 장은성
만든이 김수진
인 쇄 대덕인쇄
제 본 자현제책

출판등록일 2001.5.29(제10-2156호)
주소 (350-811) 충남 홍성군 홍동면 운월리 368번지
전화 041-631-3914
전송 041-631-3924
전자우편 network7@naver.com
누리집 cafe.naver.com/gmulko

ISBN 979-11-88375-09-7 03300   값 15,000원